За гревот, праведноста и судот

*"А Тој, кога ќе дојде, ќе му
покаже на светот што е грев,
што е праведност,
а што суд…"*
(Јован 16:8)

Серија – Светост и сила (Вовед 1)

За гревот, праведноста и судот

Специјални Двонеделни Преродбенички Проповеди, Серија - 1

Др. Џерок Ли

Во врска со гревот, праведноста и судот од Др. Церок Ли
Објавено од страна на Урим Книги (Претставник: Johnny. H. Kim)
73, Yeouidaebang-ro 22-gil, Dongjak-gu, Seoul, Korea
www.urimbooks.com

Сите права се задржани. Оваа книга или некои нејзини делови, не смеат да бидат репродуцирани во било која форма, да се чуваат во обновувачки систем, или да бидат пренесувани во било каква форма или преку било какви средства, електронски, механички, преку фотокопирање, снимање или на некој друг начин, без претходна писмена дозвола од страна на издавачот

Ако не е наведено поинаку, сите цитати од Светото Писмо се земени од Светата Библија,
НОВА АМЕРИКАНСКА СТАНДАРДНА БИБЛИЈА (NEW AMERICAN STANDARD BIBLE, ®, Авторско Право © 1960, 1962, 1963, 1968, 1971, 1972, 1973, 1975, 1977, 1995 од страна на Локман Фондацијата. Употребени со дозвола.

Авторско право © 2016 од Др. Церок Ли
ISBN: 979-11-263-1169-9 03230
Преведувачко Авторско Право © 2013 од Др. Естер К. Чанг.
Употребено со дозвола.

За прв пат објавено во декември, 2023

Претходно објавено на Кореански во 2011, од страна на Урим Книги во Сеул, Кореја

Уредено од страна на Др. Геумсун Вин
Дизајнирано од страна на Дизајнерскиот Тим на Урим Книги
За повеќе информации, ве молиме контактирајте ги: urimbook@hotmail.com

Белешка на авторот

Се молам сите читатели да станат праведни личности, кои ќе ја примат Божјата голема љубов и благослови...

Кога големиот реформатор, Мартин Лутер, бил млад, тој поминал низ едно навистина трауматско искуство. Еден ден, додека со пријателите стоел под едно дрво, за да го избегне дождот, во дрвото удрил гром, па пријателот кој бил до него загинал. Поради ова искуство, Лутер одлучил да стане монах, и од тој момент, во срцето чувствувал голем страв од Бога, Кој што суди и ги осудува гревовите на луѓето. Иако голем дел од своето време поминувал во исповед, тој сепак не можел да најде решение за проблемот на гревот. Без разлика колку и да ја проучувал Библијата, сепак не можел да го најде одговорот на прашањето, "Како може неправедниот човек, да Му угоди на праведниот Бог?"

Тогаш, еден ден, додека читал едно од Павловите писма, тој конечно го нашол смирението, по кое толку ревносно трагал. Наведено е во Римјаните 1:17, "Бидејќи во него се открива правдата Божја, од верата во вера; како што е напишано,

'Праведникот преку верата ќе живее.'" Лутер станал просветлен во врска со "Правдата Божја". Иако до тој момент единствено знаел за правдата Божја која им суди на сите луѓе, тој тогаш сватил дека правдата Божја, исто така може и да им ги прости гревовите на сите луѓе, кои што верувале во Исуса Христа, па дури и да ги нарече истите 'праведни'. По ваквото сваќање, Лутер го живеел својот живот во неизмерна страст кон вистината.

На тој начин, не само што Бог ги признава оние кои што веруваат во Исуса Христа како 'праведни'; туку во исто време и им го дава Светиот Дух на дар, за да можат да знаат за гревот, праведноста и судот, и своеволно да Му се покоруваат на Бога и да ја исполнуваат Неговата волја. Затоа не смееме да запреме кога ќе Го примиме Исуса Христа и ќе бидеме наречени праведни. Многу е важно да станеме навистина праведни личности, отфрлајќи го гревот и злото од нас, преку помошта дадена од страна на Светиот Дух.

Во последните 12 години, Бог направи секоја година да одржуваме специјални двонеделни преродбенички состаноци во нашата црква, за да можат сите членови да го примат благословот на станувањето праведни луѓе преку верата. Тој воедно нѐ водеше и до точката, каде што бевме во можност да ги примиме одговорите на сите наши молитви, кои ги воздигнувавме до Него. Исто така нѐ водеше и кон разбирањето на различните димензии на духот, добрината, светлоста и љубовта, за да можеме да ја примиме силата Божја во нашите животи. Со секоја поминета година, додека ги правевме нашите големи, одлучни чекори во верата, одејќи кон светоста и моќта, Бог благословуваше сѐ поголем број на луѓе од сите нации, со можноста да ја доживеат силата Божја, што била запишана во Библијата, и го надминува времето и просторот.

Го објавивме преродбеничкиот серијал, "Светоста и моќта", каде што е содржана пораката за длабоката промисла Божја, за да можат читателите систематски да учат за нив. Преродбеничките пораки од првите три години служат како "Вовед." Во нив се зборува за патот кон вистинската праведност преку укинувањето на ѕидот на гревот, којшто стоел помеѓу Бога и нас. Потоа, пораките од следните четири години, нѐ поучуваат за делувањето кое нѐ води кон светоста и силата, и ни служат како "Основна порака". За крај, пораките од последните пет години ни укажуваат како да ја доживееме силата Божја, преку практикувањето на Словото. Тоа ќе послужи како делот "Примена" во ова издание.

Денес постојат голем број на луѓе, кои ги живеат своите животи без и најмало знаење што претставува грев, што е праведност, и што претставува судот за нив. Дури и оние кои што одат на богослужбите во црквата, не ја поседуваат сигурноста во спасението, па затоа живеат секуларни животи— токму како и сите други во светот. Понатаму, таквите луѓе не водат Христијански животи, кои би биле праведни според законите Божји, туку ги водат животите кои ги сметаат за праведни, според тоа што тие си мислат дека е праведно. Па затоа За Гревот, Праведноста и Судот е првата книга од серијата проповеди Светоста и силата, која што се бави со тоа, како да се води успешен Христијански живот, примајќи го проштевањето на нашите гревови и достигнувајќи ја праведноста на Бога во нашите животи.

За да се потврди ова учење со доказот на силата Божја, во првата сесија од првиот ден на нашиот преродбенички состанок во 1993, Бог им го вети благословот на зачнувањето на дузина двојки, кои веќе 5-6 години биле во брак, или некои дури и 10 години, безуспешно обидувајќи се да зачнат дете. На крајот од оживувачкиот состанок, скоро сите двојки беа зачнале и беа благословени со дете во семејството.

Би сакал да ѝ се заблагодарам на Геумсун Вин, Директорот на Уредувачкото Биро, и нејзиниот персонал, за вредната работа и посветеноста, кои го направија ова издание можно, и да се помолам во името на Господа, да што поголем број на луѓе, кои ќе ја прочитаат оваа книга, ги решат своите проблеми со гревот, а со тоа да ги добијат и одговорите на сите свои молитви, упатени до Бога!

Март 2009
Церок Ли

Вовед

Оваа книга, со називот За гревот, праведноста и судот, содржи пет поглавја, кои се посветени на секоја од овие теми, во врска со гревот, праведноста и судот. Во книгата се во детали објаснети начините како да дојдеме до решение во врска со гревот, како да го живееме животот полн со благослови, станувајќи праведни личности, и како да го избегнеме судот што доаѓа, за да можеме да уживаме во вечните благослови.

Првата глава, којашто се однесува на гревот, е наречена "Спасение". Во неа се објаснува зошто човекот треба да биде спасен, а се наведуваат и вистинското значење и методот по којшто можеме да добиеме спасение. Главата којашто следи веднаш по неа, "Отецот, Синот и Светиот Дух", го води читателот кон исправното разбирање за тоа, како силата Божја и

Неговиот авторитет, името на Исуса Христа, и водството од страна на Светиот Дух, заедно делуваат како Свето Тројство, за да може една личност да се здобие со јасно решение на проблемот со гревот, и да зачекори по правилниот пат кон спасението.

Главата со назив "Делата на телото" го анализира и објаснува проблемот со ѕидот на гревот, којшто стои помеѓу нас и Бога. Следната глава, наречена "Затоа понесете ги плодовите, одржувајќи го покајанието", ни објаснува за важноста на носењето плодови, одржувајќи го покајанието, за да можеме да го достигнеме целосното спасение низ Исуса Христа.

Последната глава којашто е во врска со гревот, е наречена, "Презрете го она што е зло; Приклонете се кон она што е добро", го поучува читателот да го отфрли злото, што не му е угодно на Бога, и да делува со добрина, во согласност со Словото на вистината.

Како следно, во првото поглавје коешто се однесува на праведноста, "Праведноста којашто води кон живот", ни појаснува како ние—целото човештво—го примаме вечниот живот низ праведното дело на Исуса Христа. Во главата наречена, "Праведните ќе живеат според верата", е објаснета важноста на сваќањето на фактот, дека спасението може единствено да се достигне преку верата; па сходно на тоа е причина поради која мораме да се здобиеме со вистинската вера.

Глава 8, "Со покорноста кон Христа", ни објаснува дека човекот мора да ги уништи своите телесни мисли и теории, и треба едноставно да му се покори на Христа, за да може да ја поседува вистинската вера и да ужива во животот во напредокот, исполнет со благослови и одговори на молитвите упатени кон Бога. Глава 9, "Оној кого Господ го пофалува", прикажува поподробен поглед во животите на неколку патријарси на верата, поучувајќи го со тоа читателот како треба да делува, за да може да стане личност која ќе биде пофалена од страна на Бога. Последното поглавје, во врска со праведноста, е наречено "Благослов". Тоа претставува опсервација на животот и верата на Авраама—таткото на верата и семето на благословите— проследени со некои практични начини, преку кои еден верник може да ужива во животот полн со благослови.

Во првата глава што се однесува на судот, наречена "Гревот на непокор кон Бога", се задлабочува во последиците кои следат кога еден човек ќе го изврши гревот на непокор кон Бога. Следното поглавје, "Ќе го избришам човекот од лицето на земјата", ни го опишува судот Божји, којшто следи кога човечкото зло ќе го достигне ограничувањето.

Главата наречена "Не одете против Неговата волја", му објаснува на читателот дека судот Божји доаѓа кога една личност оди против волјата на Бога; за да може да свати дека е најголем благослов да ѝ се покори на волјата Божја, и да стане покорен кон Бога. Во главата наречена "Така кажува ГОСПОД Саваот", авторот во детали ни објаснува како една личност може да го прими исцелувањето и одговорите на своите молитви. Тој исто така ни ја објаснува и важноста на станување праведна личност, која што се плаши од Бога.

А во последното поглавје, "Во врска со гревот, праведноста и судот", се отвора начинот на решавање на проблемот на гревот; на станувањето праведна личност; како да се сретне живиот Бог; начинот на кој може да се избегне Страшниот Суд којшто следи;

и да се добие животот со вечните благослови.

Оваа книга ни ги објаснува специфичните начини на коишто ние, кои што Го прифативме Исуса Христа и Го примивме Светиот Дух, можеме да се здобиеме со спасението и вечниот живот, со одговорите на нашите молитви, и со благослови. Се молам во името на Господа, голем број на луѓе, преку читањето на оваа книга, да станат праведни луѓе и жени, што ќе Му угодуваат на Бога!

Март, 2009
Геумсун Вин
Директор на Уредувачкото Биро

Содржина

Белешка на авторот
Вовед

Дел 1 Во врска со гревот…

Глава 1 Спасение · 3

Богот Создателот и човекот
Ѕидот на гревот помеѓу Бога и човекот
Вистинското значење на Спасението
Начинот на добивање на Спасението
Промислата за спасението преку Исуса Христа

Глава 2 Отецот, Синот и Светиот Дух · 13

Кој е Богот Отецот?
Богот Отецот – Врховниот режисер на човечката култивација
Кој е Синот, Исус Христос?
Исус Христос Спасителот
Кој е Светиот Дух, Помошникот?
Делата на Светиот Дух, Помошникот
Светото Тројство ја исполнува промислата за Спасението

Глава 3   Делата на телото · 27

Нештата на телесното и делата на телесното
Делата на телесното што го спречуваат човекот да го наследи Кралството Божјо
Очигледни дела на телесното

Глава 4   "Затоа понесете ги плодовите,
           одржувајќи го покајанието" · 47

Вие сте потомство на змии отровници
Понесете ги плодовите, одржувајќи го покајанието
Не си претпоставувајте дека Авраам е вашиот татко
"Секое дрво што не носи добри плодови, се сече и фрла во оган"
Плод е да се одржува покајанието
Луѓето што ги носат плодовите, одржувајќи го покајанието

Глава 5   "Презрете го она што е зло; Приклонете
           се кон она што е добро." · 63

Како злото се покажува како грев
Да се отфрли злото и да се стане личност на добрината
Злата и прељубничка генерација која копнее за знак
Формите на зло кои треба да ги презираме

Речник 1

Дел 2 Во врска со праведноста...

Глава 6 Праведноста којашто води кон живот · 83

Праведноста во Божјите очи
Делото на праведноста коешто го спасило целото човештво
Почетокот на праведноста е верувањето во Бога
Праведноста на Исуса Христа која мораме да ја имитираме
Начинот да се стане праведна личност
Благословите за праведните

Глава 7 Праведните ќе живеат според верата · 97

Да се стане вистински праведна личност
Зошто треба да станеме праведни?
Праведните треба да живеат според верата
Како да се поседува духовната вера
Начините да се живее според верата

Глава 8 Со покорноста кон Христа · 109

Телесните мисли што се непријателство кон Бога
"Самоправедноста" – една од првите телесни мисли
Апостолот Павле ги скршил своите телесни мисли
Праведноста којашто доаѓа од Бога
Саул покажал непокор кон Бога со своите телесни мисли
Начинот да ја исполниме Божјата праведност преку верата

Глава 9 Оној кого Господ го пофалува · 123

Оној кого Господ го пофалува
Да се биде одобрен од Бога
Заковајте ги вашите страсти и желби на крстот
Патријарсите кои што биле праведни пред Бога

Глава 10 Благослов · 137

Авраам, Таткото на верата
Бог ја смета верата за праведност и ги дава Своите благослови
Бог го прави квалитетниот сад преку испитанијата
Бог го подготвува излезот, дури и низ испитанијата
Бог благословува дури и низ испитанијата
Карактерот на Авраамовиот сад

Речник 2, 3

Дел 3 Во врска со судот...

Глава 11 Гревот на непокорност кон Бога · 155

Адам, човекот создаден според ликот на Бога
Адам изел од забранетото овошје
Резултатот на Адамовиот грев, на непокорот кон Бога
Причината поради која Бог го ставил дрвото на познавањето на доброто и на злото
Начинот да се ослободиме од проклетството предизвикано од грев
Резултатот на Сауловиот грев на непокорност кон Бога
Резултатот на Каиновиот грев на непокорност кон Бога

Глава 12 "Ќе го избришам човекот од лицето на земјата" · 167

Разликата помеѓу зла личност и добра личност
Зошто доаѓа Судот Божји
* Поради тоа што човечката злоба била многу голема
* Поради тоа што мислата на срцето е злобна
* Поради тоа што секоја намера на срцето, секогаш е злобна
Да се избегне Судот Божји

Глава 13 Не одете против Неговата волја · 179

Судот доаѓа кога застануваме против волјата Божја
Луѓето кои оделе против волјата Божја

Глава 14 "Така кажува ГОСПОД Саваот ..." · 193

Бог ги одбива гордите
Гордоста на кралот Езекија
Гордоста на верниците
Гордоста на лажните пророци
Судот за луѓето кои делуваат со гордост и зло
Благословите за праведниот кој што се плаши од Бога

Глава 15 Во врска со гревот, праведноста и судот · 203

Во врска со гревот
Зошто Тој суди во врска со гревот
Во врска со праведноста
Зошто Тој суди во врска со праведноста
Во врска со судот
Светиот Дух го осудува светот
Отфрлете го гревот и живејте го животот на праведноста

Речник 4

Во врска со гревот

"... за гревот, затоа што не веруваат во Мене;"
(Јован 16:9)

"Зарем кога правиш добро не си ведар во лицето? А ако не правиш добро, гревот ти лежи пред вратата; те демне и те влече кон себе, но ти мораш да го надвладееш." (Битие 4:7)

"Само признај ја вината своја, дека се одметна од ГОСПОДА, твојот Бог, со тоа што им правеше услуги на туѓинците под секое дрво зелено, и не му се покоруваше на гласот Мој, рече ГОСПОД." (Еремија 3:13)

"Вистина ви велам, на човечките синови ќе им се простат сите гревови и хули, какви и да се; но кој похули на Светиот Дух, нема прошка довека, туку го обвинува вечен грев." (Марко 3:28-29)

"'Но, да знаете, Синот Човечки ја има власта на земјата, да ги простува гревовите, ' Му рече на неподвижниот, 'Тебе ти велам, стани, земи си ја постелата своја и оди си дома.'" (Лука 5:24)

"Подоцна Исус го сретна во храмот и му рече: 'Ете, сега си здрав; не греши повеќе, за да не те снајде нешто полошо.'" (Јован 5:14)

"Дали знаете дека, ако му се предадете некому како робови за послушност, робови сте му на оној, кому му се покорувате, било на гревот, којшто води во смртта, или на послушноста, којашто води кон праведноста?" (Римјаните 6:16)

"Чеда мои, ова ви го пишувам за да не згрешите. И ако некој згреши, имаме Застапник кај Отецот, Исуса Христа, Праведникот; Тој е жртва помирница за гревовите наши; и не само за нашите, туку и за гревовите на целиот свет." (1 Јован 2:1-2)

Глава 1

Спасение

"Не постои спасение во никој друг; затоа што нема друго име под Небесата, што им беше дадено на луѓето, преку кое може да бидат спасени."
(Дела 4:12)

Во овој свет, во зависност од религијата и културата, луѓето обожуваат различни идоли; дури постои и идол, којшто е наречен 'непознатиот бог' (Дела 17:23). Денес, религијата наречена 'Религија во настанување', којашто е создадена како мешавина на доктрини на повеќе религии, привлекува големо внимание кај луѓето, и голем број од нив, го имаат прифатено 'религиозниот плурализам', којшто се базира на филозофијата дека постои спасение во сите религии. Сепак, Библијата ни кажува дека Богот Создателот е единствениот вистински Бог, и дека Исус Христос е единствениот и еден Спасител (Второзаконие 4:39; Јован 14:6; Дела 4:12).

Богот Создателот и човекот

Бог дефинитивно постои. Исто како што ние постоиме заради тоа што родителите нé родиле, и човештвото постои во светот, затоа што Бог нé има создадено.

Ако погледнеме во еден мал часовник, можеме да видиме дека голем број на мали делчиња работат заедно на еден комплексен начин, за да можат да го одредат времето. Но никој не би го погледнал часовникот и би си помислил дека сите тие делчиња, по чиста игра на случајноста, се здружиле и работат заедно. Дури и малиот часовник постои во овој свет, само затоа што некој го дизајнирал и го направил. Што тогаш да кажеме за универзумот? Неспоредлив со малиот часовник, универзумот е толку комплексен и огромен, што човечкиот ум не може ниту да ги замисли сите негови мистерии и тајни, ниту да го свати неговиот обем. Самиот факт што соларниот систем, којшто е само еден мал дел од универзумот, функционира на еден толку прецизен и точен начин, без и најмала можност за грешка, не може а да не нé наведе на размислувањето, дека е дел од Божјото создавање.

Ист е случајот и со човечкото тело. Сите органи, ќелии и други елементи, се организирани на совршен начин, и делуваат заедно на еден комплициран начин, што навистина претставуваат чудо. Но, сите тие нешта што биле откриени за човечкото тело, претставуваат само еден мал дел, од сите нешта што понатаму треба да бидат откриени. Па како тогаш некој би можел да каже, дека човечката анатомија настанала како резултат на едно случајно делување?

Дозволете ми да ви претставам еден обичен пример, што секој лесно може да го свати. На лицето на една личност, постојат две очи, еден нос, две ноздри, една уста и две уши. Начинот на којшто се организирани е таков, што на врвот се наоѓаат очите, носот е во центарот, а устата е под носот, додека ушите се сместени на секоја од страните на лицето. Овој редослед важи исто и за црната раса, и за белата, како и за азијатите. Понатаму, ова не важи само за луѓето. Истото важи и за животните, како на пример за лавовите, тигрите, слоновите, кучињата итн., за птиците и гулабите, па дури и за рибите.

Ако теоријата на дарвинизмот беше вистинита, тогаш животните, птиците и човечките суштества, би требало да еволуираат на различен начин, во зависност од нивната животна средина. Но зошто тогаш нивниот изглед и организираноста на нивното лице, се толку слични? Ова претставува надмоќен доказ, дека единствено едниот Бог Создател, можел да нé дизајнира и создаде сите нас. Самиот факт што сите сме биле создадени според истиот модел, ни покажува дека Создателот не е неколку битија, туку само едно битие.

Порано јас бев атеист. Слушав од луѓето дека ако човек отиде во црква, ќе може да се здобие со спасение. Но, во тоа време, јас дури и не знаев што е спасение, ниту како да се здобијам со истото. Потоа, еден ден, стомакот престана да ми функционира како резултат на преголемата доза на пиење алкохол, и јас морав да ги поминам наредните седум години прикован за кревет и во болка. Секоја ноќ, мајка ми истураше вода во една чинија, и гледајќи кон соѕвездието Голема Мечка, ги триеше рацете и се молеше за моето оздравување. Таа дури и остави голема сума на пари во Будистичкиот храм, но мојата ситуација само стануваше сé полоша и полоша. Не можев да најдам излез од безнадежната ситуација ниту преку соѕвездието Голема Мечка, ниту преку Буда. Единствено можев да го добијам спасението од Бога. Во моментот кога мајка ми слушна дека сум бил излекуван по одењето во црвата, ги исфрли сите идоли од куќата, и ѝ се придружи на црквата. Тоа беше заради фактот, што таа свати дека единствено Бог е вистинскиот Бог.

Ѕидот на гревот помеѓу Бога и човекот

Зашто тогаш, и покрај фактот што постојат толку јасни докази за постоењето на Богот Создателот, Кој ги создал Небесата и земјата, голем број на луѓе не сакаат да поверуваат во Него, и не сакаат да Го сретнат? Тоа е поради ѕидот на гревот, којшто го блокира односот помеѓу Бога и луѓето. Поради тоа што Богот Создателот е праведен и чесен, и во Себе нема апсолутно никаков грев, ако имаме гревови во нас, нема да можеме да ја воспоставиме комуникацијата со Него.

Одвреме навреме постојат некои луѓе, кои што си мислат, "Јас немам никаков грев." Исто како што не сме способни да ги видиме дамките на нашата облека, ако стоиме во некоја темна соба, исто така, не сме во состојба да ги видиме своите гревови, ако стоиме среде темнината, што ја претставува невистината. Па така, ако кажеме дека веруваме во Бога, а нашите духовни очи сеуште останат затворени, тогаш нема да можеме да ги откриеме своите гревови. Тогаш нашето присуство на богослужбите во црквата, нема да има никаква смисла. Што тогаш ќе биде резултатот на сето тоа? Ние ќе одиме на богослужбите во црквата, во текот на 10, па дури и 20 години, без да Го сретнеме Бога, и без да ги примиме одговорите на своите молитви.

Богот на љубовта сака да се сретне со нас, да зборува со нас, и да ни ги даде одговорите на нашите молитви. Затоа Бог искрено бара од секој од нас, "Те молам искрши го ѕидот на гревот којшто стои меѓу тебе и Мене, за да можеме слободно да ги споделуваме разговорите на љубовта. Те молам направи Ми пат, за да можам да ги отргнам од тебе болката и страдањата, што во моментот ги чувствуваш."

Да претпоставиме дека едно дете се обидува да прониже конец низ окото на една игла. За него, тоа претставува многу тешка работа. Но, за неговите родители, тоа претставува релативно лесна задача. Но, колку и да сакаат родителите да му помогнат на своето чедо, ако меѓу нив стои огромен ѕид, тие нема да можат да му помогнат. Слично на тоа, ако постои огромен ѕид помеѓу нас и Бога, ние нема да можеме да ги примиме одговорите на нашите молитви кон Него. Значи прво и најбитно, мораме да го решиме проблемот со гревот, за да можеме потоа да го примиме крајното решение на најважното прашање, на прашањето за нашето спасение.

Вистинското значење на Спасението

Во нашето општество, зборот 'Спасение' се користи на многу различни начини. Кога ќе спасиме некоја личност од давење, или од финансиска пропаст, или кога ќе ѝ пружиме помош на некоја личност околку семејните проблеми, кажуваме дека сме ја 'спасиле'.

А што Библијата ни кажува за тоа да се биде 'спасен'? Според Библијата, Спасението значи отргнување на човештвото од гревот. Имено, тоа значи луѓето да застанат во рамките на местото каде што Бог посакува да бидат, и каде што ќе можат да ги примат одговорите на сите свои проблеми, и да уживаат во вечната радост, на Небесата. Па кажано со обични духовни термини, влезот во Спасението е Исус Христос, а куќата на Спасението се Небесата, или Кралството Божјо.

Во Јован 14:6, Исус кажал, "Јас сум патот, и вистината, и животот; никој не доаѓа кај Отецот, освен преку Мене." Затоа

Спасението претставува одење на Небесата, преку Исуса Христа.

Голем број од луѓето евангелизираат и ја нагласуваат важноста на примањето Спасение. Зошто ни е потребно Спасението? Заради фактот што нашите духови се бесмртни. Кога луѓето ќе доживеат физичка смрт, нивните души и духови се одделуваат од нивните тела. Оние кои што го примиле Спасението одат на Небесата, а оние кои што не го примиле Спасението, одат во Пеколот. Небесата претставуваат Божјо Кралство, каде што владее вечната радост, а Пеколот е местото на вечната болка и страдања, во коешто се наоѓаат Огненото и Сулфурното Езеро (Откровение 21:8).

Поради тоа што Небесата и Пеколот се места коишто вистински постојат, постојат и луѓе кои ги имаат видено овие места низ визии, а постојат и голем број на луѓе, чиишто духови навистина ги имаат посетено овие места. Ако некои си мислат дека овие луѓе лажат, тогаш се само тврдоглави и лековерни. Бидејќи во Библијата постојат јасни објаснувања и за двете места, и за Небесата, и за Пеколот, тогаш мораме да веруваме во нивното постоење. Библијата, за разлика од другите книги, ја содржи пораката на спасението – зборовите на Богот Создателот.

Во Библијата е запишано создавањето на човештвото, и како Бог делувал до сега. Јасно е објаснет целиот процес на човечкиот непокор и грев, како станал расипан и предмет на вечната смрт, но и како Бог го спасува него. Во неа се запишани настаните од минатото, сегашноста, иднината, и Божјиот Суд којшто ќе се случи на крајот на времето.

Да, многу е важно да го живееме својот живот смирени, без било какви проблеми во овој свет. Но, споредено со Небесата, животот којшто го живееме тука во овој свет, е многу краток и привремен. Десет години изгледаат како долг временски период, но ако погледнеме наназад, ни изгледаат како да биле вчера. Остатокот на нашето време тука на земјата, е исто таков. Иако една личност може да го проживее својот живот во напорна работа и да стекне многу нешта, сите тие стануваат небитни кога животот тука на земјата ќе заврши. Па тогаш каква е ползата од нив?

Без разлика колку и да поседуваме и да добиеме, не можеме да ги однесеме тие нешта заедно со нас во вечниот свет. Дури и да се здобиеме со слава и моќ, кога ќе умреме, сето тоа на крајот ќе избледи и ќе се заборави.

Начинот на добивање на спасението

Дела 4:12, "Не постои спасение во никој друг; затоа што нема друго име под Небесата, што им беше дадено на луѓето, преку кое може да бидат спасени." Библијата ни кажува дека Исус Христос е единствениот Спасител, Кој што може да нè спаси. Зошто Спасението е можно само преку името на Исуса Христа? Затоа што проблемот на гревот мора да биде разрешен. За да можеме подобро да го сватиме ова, да се вратиме на времето на Адам и Ева, на коренот на човештвото.

По создавањето на Адам и Ева, Бог му ги дал на Адама силата и славата да владее над сите создадени нешта. И во текот на долг временски период, тие живееле уживајќи во изобилството на Градината Еденска, сè до оној ден, кога паднале под измамата на змијата, и пробале од плодот на дрвото за познавањето на доброто и на злото. По непокорот кон Бога, кога изеле од плодот на дрвото, за кое Бог изрично наредил да не јадат од него, во нив се населил гревот (Битие 3:1-6).

Римјаните 5:12 гласи, "Затоа што, како што гревот влезе во светот преку еден човек, а преку гревот влезе и смртта, така и смртта помина на сите луѓе, затоа што сите згрешија." Поради Адама, гревот навлезе во овој свет, и сето човештво стана грешно. Како резултат на тоа, и смртта дојде кај целото човештво.

Бог не ги спасува луѓето од гревот, безусловно и без причина. Римјаните 5:18-19 гласи, "И така, како што преку престапот на еден човек, падна осудата врз сите луѓе, така и преку праведното дело на Еден, дојде оправданието врз сите луѓе, кое носи живот. Затоа што, како што преку непослушноста на еден човек сите станаа грешни, така и преку послушноста на Еден, многумина ќе станат праведни."

Тоа значи дека, исто како што целото човештво станало грешно поради гревот на еден човек, Адам, исто така и преку послушноста на еден човек, целото човештво ќе може да биде спасено. Бог е владетелот над сите создадени нешта, но Тој прави сите нешта да се случуваат на соодветен начин (1 Коринтјаните 14:40); затоа Тој припремил Еден човек, Кој што ги поседувал сите квалификации за да биде Спасител—а тоа бил Исус Христос.

Промислата за спасението преку Исуса Христа

Меѓу духовните закони, постои и еден којшто гласи вака, "платата за гревот е смртта" (Римјаните 6:23). Од друга страна пак, постои и закон за откупот на гревовите на една личност. Она што е во директна врска со овој духовен закон, е законот за откуп на земјиштето во државата Израел. Овој закон ѝ овозможува на една личност, да ја продаде својата земја, но не за стално. Ако една личност ја продала својата земја заради финансиски потешкотии, тогаш, некогаш во иднина, некој богат роднина, може да ја откупи за неа. А дури и да нема богати роднини да ја откупат за неа, таа во секој момент може да го стори тоа, ако стекне доволно средства за тоа (Левит 25:23-25). Откупот на гревот делува на истиот тој начин. Ако некој е доволно квалификуван да му го откупи гревот на својот брат, тогаш тој може да го стори тоа. Но, кој и да е тоа, мора да ја плати цената за гревот.

Но, како што е запишано во 1 Коринтјани 15:21, "Бидејќи смртта дојде преку еден човек, преку еден Човек дојде и воскресението од мртвите," оној кој што може да нѐ спаси од гревовите, мора да биде човек. Затоа Исус дошол на овој свет во тело – во формата на човекот кој што станал грешен.

Личноста која што самата има долгови, не ја поседува способноста да ги отплати долговите на некој друг. Слично на тоа, личноста која што има гревови, не може да ги откупи гревовите на човештвото. Еден човек, не само што ги наследува физичките сличности и карактерни црти на своите родители, туку воедно ја наследува и нивната грешна природа, исто така. Ако набљудуваме едно мало дете, кога некое друго дете ќе седне во скутот на неговата мајка, тое станува нервозно и се обидува да го истурка од тоа место. Иако никој го нема поучено да го прави тоа, љубомората и зависта природно му доаѓаат на детето. Некои бебиња, кога ќе огладнат и не добиваат храна веднаш, почнуваат неконтролирано да плачат. Тоа се должи на грешната природа на гневот, којашто ја наследуваат од своите родители. Овие типови на грешни природи, луѓето ги наследуваат од своите родители, преку нивната животна енергија и се наречени 'изворен грев'. Сите потомци на Адама се раѓаат со овој изворен грев; затоа никој од нив, не може да ги откупи гревовите на другиот.

Сепак, Исус бил роден преку безгрешното зачнување од страна на Светиот Дух, и не го наследил изворниот грев од своите родители. Додека растел, Тој ги почитувал сите Божји закони; па затоа не извршил било каков вид на грев. Во духовниот свет, немањето гревови води кон добивањето сила.

Исус со радост ја примил казната на распетието, бидејќи ја поседувал љубовта, поради која бил спремен да си Го жртвува Својот живот, заради откупот на гревовите на човештвото. За да може да ги откупи гревовите на луѓето и да ги спаси од проклетството на Законот, Тој умрел на дрвениот крст (Галатјаните 3:13) и ја пролеал Својат скапоцена крв, која не била изваlkана од изворниот грев, ниту од само-извршените гревови. Тој платил за сите гревови на целото човештво.

За да може да ги спаси грешниците, Бог не жалел ниту да го жртвува животот на Својот Еден и Единствен Син, преку смртта на крстот. Тоа е големата љубов којашто ни ја дарил нам. А Исус ја докажал Својата љубов кон нас, жртвувајќи го Својот живот за да стане жртва помирница меѓу нас и Бога. Покрај Исуса, не постои никој друг, кој што ја поседува таквата љубов или сила, да може да нѐ избави од нашите гревови. Постојат причини поради кои само преку Исуса можеме да го добиеме Спасението.

Глава 2

Отецот, Синот и Светиот Дух

"А Помошникот, Светиот Дух, Кого Отецот ќе Го испрати во Мое име, ќе ве научи сѐ и ќе ве потсети на сѐ што ви реков."
(Јован 14:26)

Ако погледнеме во Битие 1:26, ќе видиме дека гласи вака, "Потоа Бог рече, 'Ајде да направиме човек според Нашиот лик, ...'" Тука, 'нашиот' го означува Светото Тројство—Отецот, Синот и Светиот Дух. Иако секоја од улогите на овие, Отецот, Синот и Светиот Дух, во создавањето на човекот и исполнувањето на промислата за спасението, се разликува, бидејќи Тројцата се изворно едно битие. Тие се наречени Свето Тројство или Триунионен Бог.

Ова е многу важна доктрина во Христијанската вера, и поради фактот што претставува тајна порака во врска со изворот на Богот Создателот, на човекот му е многу тешко, во целост да го свати овој концепт, поради својата ограничена логика и знаење. Сепак, за да можеме да го решиме проблемот со гревот и да го добиеме целосното спасение, мораме да го поседуваме правилното знаење за Светото Тројство на Богот Отецот, Богот Синот и Богот Светиот Дух. Единствено кога ќе го поседуваме ова сваќање, ќе можеме во целост да уживеме во благословите и авторитетот што сме чеда Божји.

Кој е Богот Отецот?

Над сѐ друго, Бог е Создателот на универзумот. Во Битие, глава 1 ни е опишано како Бог го создал универзумот. Од целосна ништожност, Бог ги создал Небесата и земјата, во текот на шест дена, употребувајќи го Своето Слово. Потоа, на шестиот ден, Тој го создал Адама, таткото на човештвото. Преку едноставното погледнување на редот и хармонијата кои владеат во целото создание Божјо, можеме да насетиме дека Бог е жив, и дека постои само еден Бог Создател.

Бог е Сезнаен. Бог е совршен и знае сѐ. Затоа Тој може да ни укаже на настаните кои треба да се случат во иднината, преку пророштвото на оние луѓе, кои што го поседуваат блиското другарување со Него (Амос 3:7). Бог воедно е и Семоќен и може да направи сѐ што ќе посака. Затоа во Боблијата се запишани безброј знаци и чудеса, што не би можеле да се исполнат, само преку човечката сила и способност.

Исто така, Бог постои Сам по Себе. Во Исход, глава 3, можеме да прочитаме за сцената каде што Бог му се појавува на Мојсеја. Од грмушката којашто горела, Бог го повикал да стане водач на Исходот, од земјата Египетска. Во тој момент, Тој му рекол на Мојсеја, "ЈАС СУМ ОНОЈ, КОЈ ШТО СУМ." Тој ја објаснил едната од Неговите карактеристики, која всушност е Неговата само-егзистенција. Тоа значи дека никој Го нема создадено, ниту родено Бога. Тој егзистира Сам уште од пред почетокот.

Бог, исто така, е и авторот на Библијата. Но, бидејќи Богот Создателот многу ги надминува луѓето, многу е тешко да се објасни Неговото постоење, гледано од човечка перспектива. Тоа е така, бидејќи Бог е бесконечно битие; па затоа човекот, со своето ограничено сваќање, не може во целост да ги свати сите нешта околу Бога.

Можеме да видиме во Библијата, дека Богот Отецот, во зависност од ситуацијата, бил наречен на различни начини. Во Исход 6:3, се кажува, "Им се јавував на Авраама, Исака и Јакова со Ел-Шадај (Семоќниот Бог), но со Своето име, ГОСПОД (Јахве), не им се имам јавено." А во Исход 15:3, е запишано, "ГОСПОД е воин; JAXBE е името Негово." Името 'ГОСПОД' не значи само 'Оној Кој што само-постои'; туку воедно значи дека Тој е единствениот и едниот вистински Бог, Кој што владее над сите нации во светот, и над сé друго што постои во светот.

И изразот 'Бог' се употребува заради значењето дека Тој пребива кај секоја раса, земја или индивидуа; па затоа ова име се користи за да се покаже Неговата хуманост. Додека името 'ГОСПОД' е пошироко, појавно употребувано име за Главниот Бог, 'Бог' е израз за Божјата хуманост, за Оној, Кој што има блиско духовно пријателство со секоја индивидуа, или личност. "Богот на Авраама, Богот на Исака, и Богот на Јакова" е примерот за тоа.

Па зошто го нарекуваме Бога со изразот 'Богот Отецот'? Тоа се должи на фактот што, Бог не само што е владетелот на целиот универзум и крајниот Судија; туку уште поважно, Тој е главниот режисер над планирањето и изведбата на процесот на култивацијата на луѓето. Ако веруваме во Бога, можеме да Го наречеме 'Оче', и да ја изразиме прекрасната сила и благословите кои ги добиваме како Негови чеда.

Богот Отецот: Врховниот режисер на човечката култивација

Богот Создателот го започнал процесот на човечката култивација, за да може да се здобие со вистинските чеда, со кои би можел да ја споделува вистинската врска на љубовта. Но, бидејќи постои почеток и крај на сите создадени нешта, постои и почеток и крај на овоземниот живот човечки.

Откровение 20:11-15 гласи, "И видов голем бел престол, и на него седнат Оној, од Чие што лице избегаа и земјата и Небесата, и за нив место не се најде. И ги видов мртвите, големи и мали, како стојат пред престолот, и се отворија книжните свитоци; и друг свиток се отвори, којшто беше Книгата на животот; и судени беа мртвите според запишаното во свитоците, според делата нивни. И морето ги предаде мртвите свои, и смртта и Адот ги предадоа мртвите кои беа во нив; и секој си го прими судот свој, според делата свои. Потоа смртта и Адот беа фрлени во огненото езеро. Тоа е втората смрт, огненото езеро. И секој кој што не беше запишан во Книгата на животот, беше фрлен во огненото езеро."

Овој пасус е всушност објаснение за Судењето на Големиот Бел Престол. Кога ќе дојде крајот на процесот на култивација, тука на земјата, тогаш Господ ќе се врати во воздухот, за да си ги земе со Себе сите верници. Потоа, оние верници кои што се живи, ќе бидат подигнати во Воздухот, каде што ќе се одржи Седумгодишната Венчална Прослава. Додека ќе се одржува таа Венчална Прослава во Воздухот, на земјата ќе се случуваат седумгодишните страдања. По нив, Господ ќе се врати на Земјата и ќе завладее над неа, во текот на илјада години. По илјада години, ќе се одржи Судот на Големиот Бел Престол. Тогаш, оние чеда Божји, чиишто имиња се запишани во Книгата на животот, ќе бидат однесени на Небесата, а на оние чиишто имиња не се запишани во Книгата на животот, ќе им се суди во согласност со делата нивни, и потоа ќе бидат испратени во Пеколот.

Кога ќе погледнеме во Библијата, можеме да прочитаме дека уште од денот кога Бог го создал човекот, па сѐ до денешниот ден, Бог искажува иста љубов кон сите нас. Дури и по прекршувањето на Словото Божјо, и непокорот на Адама и Ева, нивниот грев и изгон од Градината Еденска, Бог ни укажал на волјата Негова, на Неговата промисла, и на нештата коишто ќе се случат преку праведните луѓе, како што биле Ное, Авраам, Мојсеј, Давид и Даниел. Дури и ден денес, силата Божја и Неговото присуство, се сосем евидентни во нашите животи. Тој делува преку оние луѓе, кои што вистински Го познаваат и сакаат.

Ако погледнеме во Стариот Завет, ќе можеме да видиме дека, поради љубовта Божја кон нас, Тој нѐ поучува како да не паднеме во грев, и како да го живееме својот живот во праведноста. Тој нѐ поучува за тоа, што претставува грев, а што праведност, за да можеме да го избегнеме судот. Тој исто така нѐ поучува дека, штом Го обожуваме, треба да си поставиме специјални прослави, на кои би можеле да ги принесеме нашите жртви за Него, за да не заборавиме на живиот Бог. Можеме да видиме дека Тој ги благословува оние кои што веруваат во Него, а на оние кои што имаат згрешено, им ја дава шансата да се одвратат од своите патишта грешни—било да е тоа преку казна или на некој друг начин. Тој исто така ги користи и Своите пророци, за да може да ни ја открие Својата волја, и да нé поучи како да го живееме својот живот во вистината.

Сепак, луѓето не сакаат да се повинуваат, туку продолжуваат со својот грев. За да може да се реши овој проблем, Тој го испратил Спасителот, Исус Христос, Кого што го има подготвено уште од пред вековите. И Тој е Оној, Кој што ни го отвори патот кон спасението, за да можат сите луѓе да бидат спасени преку верата.

Кој е Синот, Исус Христос?

Една личност, којашто има извршено грев, не може да го откупи гревот на друга личност, па затоа само личноста без било каков грев, може да го стори тоа. Затоа Самиот Бог морал да го облече телото човечко, и да дојде во овој наш свет—а тоа бил Исус. Поради тоа што платата за гревот е смртта, Исус морал да ја прифати егзекуцијата на крстот, за да може да ги откупи нашите гревови. Тоа се должи на фактот што, за да дојде до проштевање на гревовите, мора да има пролевање на крв (Левит 17:11; Евреите 9:22).

Според промислата Божја, Исус требало да умре на дрвениот крст, за да може да го ослободи човештвото од проклетството на духовниот закон. По откупувањето на гревовите на човештвото, Тој се воздигнал од мртвите, на третиот ден по смртта. Затоа, секоја личност која што верува во Исуса Христа, како во својот Спасител, може да го добие проштевањето на своите гревови и да го прими спасението. Исто како што Исус, Кој што станал првиот плод на воскреснувањето, и ние исто така ќе бидеме воскреснати и ќе влеземе во Небесата.

Во Јован 14:6 Исус рекол, "Исус му рече, 'Јас сум патот, и вистината, и животот; никој не доаѓа кај Отецот, освен преку Мене." Исус е патот, бидејќи Тој станал патот на човештвото, кон влезот во Небесата, каде што владее Богот Отецот; Тој е вистината, бидејќи Тој е Словото Божјо што станало тело, и коешто дошло на овој наш свет; и Тој е животот, затоа што преку Него и само преку Него, човекот може да го добие спасението и вечниот живот.

Додека бил тука на земјата, Исус во целост му се покорувал на Законот. Во согласност со законите на Израел, Тој бил обрезан на осмиот ден од Своето раѓање. Живеел со Своите родители сѐ до 30-годишна возраст и во целост ги исполнил сите Свои задолженија. Исус во Себе го немал ниту изворниот грев, ниту некој самоизвршен грев. Затоа е запишано за Исуса, во 1 Петар 2:22, "...Тој [Христос] не направи грев, ниту пак се најде измама во устата Негова." Кратко потоа, во согласност со волјата Божја, Исус почнал со 40-дневен пост, пред да започне со Своето свештенствување. Тој на многу луѓе им кажувал за живиот Бог и за Евангелието за Кралството Божјо, и ја покажувал силата Божја, каде и да одел. Тој јасно покажувал дека Бог е вистинскиот бог, и дека е врховниот надзорник над животот и смртта.

Причината поради која Исус дошол на овој свет, била во тоа да му каже на човештвото за Богот Отецот, да го уништи непријателот ѓаволот, и да нѐ спаси од гревот, водејќи нѐ кон патот на вечниот живот. Па така, во Јован 4:34, Исус кажал, "Храната Моја е да ја исполнам волјата на Оној, Кој што Ме испрати, и да го извршам делото Негово."

Исус Христос Спасителот

Исус Христос не е само еден од четворицата најголеми филозофи, што човештвото некогаш ги знаело, туку е Спасителот, што го отворил патот за спасението на човештвото; затоа Тој не може да биде ставен на исто ниво како и луѓето, кои што се само обични созданија. Ако погледнеме во Филипјаните 2:6-11, кое гласи, "Кој, иако постоеше во Божјо обличје, не сметаше дека треба да го грабне правото што е еднаков со Бога, туку Сам Себеси се понизи, па земајќи лик на слуга, се изедначи со луѓето, и по изглед се покажа како човек. И откако се најде Себеси во лик човечки, се понизи Себеси сè до самата смрт, дури и до смртта на крстот. Затоа Бог и Го превозвиши, и Му подари име, што е над секое име, та во името на Исуса да се поклони секое колено на сè што е Небесно, земни и поземно, и секој јазик да исповеда дека Исус Христос е Господ, за слава на Бога Отецот."

Поради тоа што Исус Му се покорувал на Бога и Се жртвувал Себеси во согласност со волјата Божја, Бог Го подигнал до високото место на Својата десна страна, и Го нарекол Крал над кралевите, и Господар над господарите.

Кој е Светиот Дух, Помошникот?

Кога Исус дошол на овој свет, Тој морал да делува во рамките на ограничувањата на времето и просторот, бидејќи бил во човечко тело. Тој го ширел Евангелието во регионите на Јудеја, Самарија и Галилеја, но не можел да го стори тоа и во многу оддалечени области. Но, откако Исус воскреснал и се вознесол на Небесата, го испратил Светиот Дух, Помошникот, Кој што можел да се спушти над сите луѓе, надминувајќи ги ограничувањата на времето и просторот.

Дефиницијата за "помошник" е следната: 'пророк кој што ѝ брани, ја убедува или ѝ помага на личноста, да го свати својот прекршок'; 'советник кој што ја охрабрува и зајакнува некоја личност.'

Бидејќи е свет и едно со Бога, Светиот Дух го познава дури и најдлабокиот дел на Божјото срце (1 Коринтјани 2:10). Поради тоа што еден грешник не може да Го види Бога, на истиот начин и Светиот Дух не може да пребива во грешна личност. Па затоа, пред Исус да нè спаси од смртта на крстот, и да ја пролее Својата крв за нас, Светиот Дух не можел да навлезе во нашите срца.

Но по смртта на Исуса, и Неговото воскресение, проблемот со гревот бил решен, и секој кој што ќе го отворел своето срце и ќе го прифател Исуса Христа, можел да го прими и Светиот Дух. Кога една личност е оправдана со верата, тогаш Бог може да ѝ го даде Светиот Дух на дар, Кој што потоа ќе може да пребива во нејзиното срце. Светиот Дух нè води и ни дава правец, и преку Него, можеме да ја оствариме комуникацијата со Бога.

Зошто тогаш Бог им го дава на дар Светиот Дух, на Своите сакани чеда? Тоа е така затоа што, ако Светиот Дух не дојде кај нас и не ни го оживее нашиот дух—којшто умрел заради Адамовиот грев—нема да бидеме во можност да навлеземе во вистината, ниту да пребиваме во неа. Кога веруваме во Исуса Христа и го примаме Светиот Дух на дар, тогаш Светиот Дух влегува во нашите срца, и почнува да нè поучува на законите Божји, коишто всушност се Вистината, па тогаш сме во можност да ги живееме своите животи во согласност со тие закони, и да пребиваме во вистината.

Делата на Светиот Дух, Помошникот

Примарната задача на Светиот Дух е да делува на нашето повторно раѓање. Нашето повторно раѓање нè води кон сваќањето на законите Божји, и обидот да им се придржуваме на истите. Затоа Исус рекол, "Ако некој не се роди од водата и Духот, не може да влезе во Кралството Божјо. Она што е родено од телото, тело е, а она што е родено од Духот, дух е" (Јован 3:5-6). Па така, ако не дојде до нашето повторно раѓање од водата и Светиот Дух, нема да можеме да го примиме спасението.

Тука, кога се кажува вода – се мисли на живата вода—на Словото Божјо. Мораме целосно да се исчистиме и трансформираме со помош на Словото Божјо, или со други зборови – со вистината. Па што значи да се биде повторно роден од Светиот Дух? Кога го прифаќаме Исуса Христа, Бог ни го дава на дар Светиот Дух и нè признава за Свои чеда (Дела 2:38). Чедата Божји, кои што го примаат Светиот Дух, го слушаат Словото на вистината, и се учат да направат разлика помеѓу доброто и злото. И кога ќе почнат да се молат со сето свое срце, Бог ќе им ја даде благодетта и силата, да можат да го живет својот живот во согласност со Словото Божјо. Тоа значи да се биде повторно роден од Светиот Дух. Во зависност од степенот до којшто Духот повторно го раѓа духот во секоја индивидуа, тој или таа, исто толку ќе бидат трансформирани со вистината. И во зависност од степенот до којшто една личност ќе биде сменета со вистината, се покажува колку духовна вера ќе може да прими од Бога.

Како второ, Светиот Дух ѝ помага на нашата слабост и посредува за нас со неискажливи воздишки, за да можеме да се молиме (Римјаните 8:26). Тој исто така нè крши, за потоа од нас да направи подобри садови за Бога. Токму како што Исус кажува, "А Помошникот, Светиот Дух, Кого Отецот ќе Го испрати во Мое име, ќе ве научи сè и ќе ве потсети на сè што ви реков" (Јован 14:26), Светиот Дух нè води кон вистината и нè поучува за настаните кои треба да се случат во иднина (Јован 16:13).

Понатаму, кога им се покоруваме на желбите на Светиот Дух, Тој ни дозволува да ги понесеме плодовите и да ги примиме духовните дарови. Па така, ако го примиме Светиот Дух и ако делуваме во согласност со вистината, тогаш Тој ќе делува во нас, за да можеме да ги понесеме плодовите на љубовта, радоста, трпението, нежноста, добрината, верноста, љубезноста и самоконтролата (Галатјаните 5:22-23). И не само тоа, туку Тој исто така ни ги дава и даровите, кои на нас верниците можат да ни бидат од голема корист во нашите духовни животи. Такви се зборовите на мудроста, зборовите на знаењето, верата, дарот на исцелувањето, ефектите на чудесата, пророштвата, разликувањето на духовите, различните видови на јазици, и толкувањето на јазиците (1 Коринтјани 12:7-10).

Понатаму, Духот исто така ни зборува (Дела 10:19), ни ги дава заповедите (Дела 8:29), и понекогаш ни забранува да делуваме, ако тоа е спротивно на волјата Божја (Дела 16:6).

Светото Тројство ја исполнува промислата за Спасението

Значи Отецот, Синот и Светиот Дух, изворно биле едно. Во почетокот, таквиот еден Бог, егзистирал како Светлина, којашто имала хармоничен глас во себе, и Кој го владеел целиот универзум (Јован 1:1; 1 Јован 1:5). Тогаш, во одреден момент, за да може да се здобие со вистинските чеда, со кои би можел да ја сподeлува Својата љубов, Тој го започнал планот за промислата, да ја спроведе човечката култивација. Тој го поделил единствениот простор во којшто изворно престојувал, на повеќе разни простори, и почнал да егзистира како Свето Тројство. Богот Синот, Исус Христос, бил роден од Изворниот Бог (Дела 13:33; Евреите 5:5), и Богот Светиот Дух, исто така бил роден од Изворниот Бог (Јован 15:26; Галатјаните 4:6). Затоа Богот Отецот, Богот Синот и Богот Светиот Дух – Светото Тројство, ја исполнува промислата за човечкото спасение, и ќе продолжат да ја исполнуваат оваа задача заедно, сѐ додека не дојде денот на Судот на Големиот Бел Престол.

Кога Исус бил обесен на крстот, Тој не страдал Самиот. Богот Отецот и Богот Светиот Дух исто така ја доживеале болката заедно со Него. Па на истиот начин, Светиот Дух го исполнува Своето свештенствување преку воздишките и заземањето за луѓето тука на земјата, а Богот Отецот и Господ, делуваат заедно со Него.

1 Јован 5:7-8 гласи, "Затоа што тројца се кои сведочат на Небесата: Отецот, Словото и Светиот Дух, и Тројца се кои сведочат на земјата, Духот, водата и крвта; и Тројцата се во едно." Водата, во духовна смисла го симболизира свештенствувањето на Словото Божјо, а крвта, во духовна смисла го симболизира свештенствувањето на Господа, и пролевањето на Неговата света крв на крстот. Па така, делувајќи заедно преку Своите свештенствувања, Светото Тројство им го дава доказот за спасението на верниците.

Исто така, Матеј 28:19 гласи, "Одете тогаш и направете ги сите народи земни, мои ученици, крштевајќи ги во името на Отецот, и Синот, и Светиот Дух." А 2 Коринтјани 13:14 гласи вака, "Благодетта на нашиот Господ, Исус Христос, љубовта на Бога Отецот, и заедништвото со Светиот Дух, да бидат со сите вас! Амин!" Тука можеме да видиме дека луѓето се крштеваат и благословуваат во името на Светото Тројство.

На тој начин, поради тоа што Богот Отецот, Богот Синот и Богот Светиот Дух се со една природа, едни се во срцето и умот, уште од изворот, секоја нивна улога во процесот на култивација на луѓето, се разликува на еден специфичен начин. Бог направил јасна разлика помеѓу Старозаветните времиња, каде што Богот Отецот Самиот го водел Својот народ; додека во Новозаветните времиња, Исус Христос дошол на овој свет, за да стане Спасителот на човештвото; и постои еден подоцнежен период, каде што Светиот Дух, Помошникот, го исполнува Своето свештенствување. Светото Тројство ја исполнувало Својата волја, во секој од овие периоди.

Дела 2:38 гласи, "Покајте се, и секој од вас нека се крсти во името на Исуса Христа, за проштевање на гревовите ваши; и ќе Го примите на дар Светиот Дух." А запишано е исто така во 2 Коринтјани 1:22, "[Бог] Кој што нè запечати и ни го даде Духот Свети во срцата наши, како залог," ако го прифатиме Исуса Христа и го примиме Светиот Дух, не само што ќе го стекнеме правото да станеме чеда Божји (Јован 1:12), туку исто така ќе можеме да го примаме и водството од Негова страна, коешто ќе ни помогне да ги отфрлиме гревовите и да го живееме својот живот во Светлината. Кога нашите души ќе напредуваат, сите нешта ќе ни бидат напредни, и ќе ги примиме благословите на духовното и на физичкото здравје. И штом ќе стигнеме на Небесата, ќе можеме да уживаме во вечниот живот!

Ако Богот Отецот Самиот егзистира, не би можеле во целост да го примиме спасението. Потребен ни е Исус Христос, бидејќи можеме да влеземе во Кралството Небесно единствено тогаш, кога ќе си ги измиеме гревовите свои. Ако сакаме да ги отфрлиме своите гревови и да го бараме ликот Божји, мораме да ја добиеме помошта од страна на Светиот Дух. Поради тоа што Светото Тројство—Отецот, Синот и Светиот Дух—ни ја пружаат Својата помош, ние сме во можност да го примиме целосното спасение, и да Му ја оддаваме славата на Бога.

Речник

Телото и делата на телото

Терминот 'тело' гледано од духовна перспектива, претставува општ термин за невистината којашто е во нашите срца, и којашто може да излезе надвор како отворено делување. На пример, омразата, зависта, прељубата, гордоста и сличните нешта, излегуваат и се изразуваат во специфични дела и активности, како што се насилството, злоупотребата, убиството итн., и заедно се нарекуваат "тело", а секој од овие знаци, кога ќе се квалификува индивидуално, се нарекува "дело на телото".

Страста на телото, страста на очите и фалбаџиската гордост на животот

"Страста на телото" се однесува на природата што доаѓа кај луѓето кога извршуваат некои гревови, следејќи ги желбите на телото. Во овие тенденции се вклучени омразата, гордоста, гневот, прељубата итн. Кога овие грешни природи ќе се сретнат со некои одредени услови во околината, што можат да ги испровоцираат истите, тогаш почнува да делува страста на телото. На пример, ако некоја личност ја поседува грешната природа на 'судење и осуда' на другите луѓе, тогаш таа многу ќе биде заинтересирана да ги слуша озборувањата, и самата да ужива во нив.

"Страста на очите" се однесува на грешната природа, што ја наведува личноста да посакува телесни нешта, кога срцето ќе □ биде испровоцирано од страна на сетилата за вид и слух, преку нејзините очи и уши. Страста на очите се стимулира кога ќе видиме и чуеме некои нешта од овој свет. Ако таквите нешта не се отфрлат, туку и понатаму продолжиме да ги примаме и внесуваме, тогаш страста на телото ќе биде испровоцирана, и ние ќе завршиме така, што ќе извршиме некој грев.

"Фалбаџиската гордост на животот" се однесува на грешната природа во човекот, којашто го наведува да се шепури фалејќи се, додека им се оддава на задоволствата од овој свет. Ако една личност ја поседува оваа грешна природа, тогаш таа постојано ќе се труди да се здобие со световни нешта, за да може потоа да се шепури и фали пред луѓето.

Глава 3

Делата на телото

"А делата на телото се видливи, тоа се: неморалот, нечистотијата, блудот, идолопоклонството, вражањето, непријателството, кавгите, љубомората, изливите на гнев, раздорите, поделбите, зависта, пијанството, безделништвото и слични нешта за коишто ве предупредив, исто како што ве предупредив дека оние кои што ги практикуваат таквите нешта, нема да го наследат Кралството Божјо."
(Галатјаните 5:19-21, NKJV)

Дури и Христијаните кои што веќе подолг временски период биле верници, можеби не го знаат терминот "дела на телото". Тоа е така, бидејќи во голем број случаи, црквите не ги поучуваат за гревот на правилен начин. Сепак, сосем јасно како што е запишано во Матеј 7:21, "Не секој што Ми кажува, 'Господи, Господи,' ќе влезе во Кралството Небесно, туку ќе влезе оној, кој што ја исполнува волјата на Отецот Мој, Кој што е на Небесата.", мораме да знаеме каква е точно волјата Божја, и мораме да знаеме за гревовите коишто Бог ги мрази.

Бог не само што ги нарекува видливите лоши дела "гревови", туку ги смета и омразата, зависта, љубомората, судењето други и/или осудувањето други, бесчувствителноста, лажливото срце итн., како гревови исто така. Според Библијата, "Сѐ што не е од верата" (Римјаните 14:23), знаењето што е правилно да се стори, а да не се направи (Јаков 4:17), не правењето добро што сакаме да го правиме, и наместо тоа практикувањето на злото, што не сакаме да го правиме (Римјаните 7:19-20), делата на телото (Галатјаните 5:19-21), и нештата на телесното (Римјаните 8:5) сите се нарекуваат "гревови".

Сите овие видови на гревови го формираат ѕидот на гревот, којшто стои помеѓу нас и Бога, како што е запишано во Исаија 59:1-3, "Ете, не е прекратка раката ГОСПОДОВА, за да не може да нѐ спаси; ниту пак увото му е затнато, та да не може да нѐ чуе. Туку беззаконијата ваши создадоа разделба меѓу вас и вашиот Бог, а гревовите ваши го сокрија лицето Негово од вас, та да не може да ве чуе. Затоа што рацете ваши се осквернавени со крв, а прстите ваши со беззаконие; устите ваши говорат лаги, а јазикот ваш произнесува неправди."

Па тогаш какви специфични ѕидови стојат помеѓу нас и Бога?

Нештата на телесното и делата на телесното

Вообичаено, кога се зборува за човечкото тело, зборовите "тело" и "телесно" се користат како синоними. Сепак, духовната дефиниција на "телесното" се разликува. Галатјаните 5:24 гласи вака, "А оние кои се Христови, го распнаа телото свое, со страстите и похотите негови." Тоа сепак не значи дека ние сме си ги распнале своите тела во буквална смисла.

Мораме да го знаеме духовното значење на зборот "телесно" за да можеме да го сватиме значењето на гореневедениот стих. Немаат сите користења на зборот "телесно" духовно значење. Понекогаш тие едноставно се однесуваат на човечкото тело. Затоа е потребно јасно да го знаеме значењето на овој термин, за да можеме да видиме кога тој збор се користи со духовна конотација, а кога не.

Изворно, човекот бил создаден со дух, душа и тело, и во себе воопшто немал грев. Сепак, по искажувањето непокор кон Словото Божјо, човекот станал грешник. А бидејки платата за гревот е смртта (Римјани 6:23), духот, којшто е господар на човекот, умрел. Тогаш човечкото тело станало бесцелно, коешто со текот на времето станува слабо, се распаѓа и се враќа назад во грстот прашина. Па така, човекот го држи гревот во своето тело, а преку делата ги извршува гревовите. Тоа е ситуацијата, кога зборот "телесно" доаѓа до израз.

"Телесното", како духовен термин, ја претставува комбинацијата на грешната природа на човекот и човечкото тело, од каде што истекува невистината. Затоа, кога Библијата се осврнува на "телесното", тоа го означува грев којшто сеуште не се изразил во дело, но којшто може да се поттикне во секој момент. Во ова се склучени и грешните мисли, и сите други видови на гревови, во рамките на нашето тело. Сите овие гревови, кога треба колективно да се етикетираат, се нарекуваат, "нешта на телесното".

Со други зборови кажано, омразата, гордоста, гневот, судењето, осудата, прељубата, алчноста итн., колективно се нарекуваат "телесно", и секој од овие гревови, може индивидуално да се нарече "нешто на телесното". Па така, сè додека овие нешта на телесното остануваат во срцето на човекот, постои можноста во одредени услови, да можат да излезат на виделина, како делата на грев. На пример, ако во срцето на една личност постои природата на измамата, можеби нема да биде толку евидентна во нормални ситуации, но ако се најде во негативни или ургентни ситуации, тогаш може да излаже, преку некои измамнички зборови или дела.

Гревовите коишто излегуваат на виделина на ваков начин, припаѓаат исто така на "телесното", но гревовите коишто се извршени во дело, се нарекуваат "дела на телесното". Ако на пример имате желба да удрите некого, тогаш таа 'болна желба' се смета "нешто на телесното". А ако навистина удрите некого, тогаш тоа се смета за "дело на телесното".

Ако погледнеме на Битие 6:3, тоа гласи, И рече ГОСПОД: „Духот Мој нема довека да се бори со човекот, бидејќи тој е тело, па затоа животот нека му биде сто и дваесет години." Бог кажал дека нема повеќе да се бори со човекот, бодејќи тој се претворил во тело. Дали тоа тогаш значи дека Бог веќе не е со нас? Не, не е така. Бидејќи го прифативме Исуса Христа, го примивме Светиот Дух, и повторно се родивме како Божји чеда, веќе не сме луѓето на телесното.

Ако го живееме својот живот во согласност со Словото Божјо, и ако го следиме водството што ни го дава Светиот Дух, тогаш Духот го раѓа духот, и ние се трансформираме во луѓе на духовното. Бог, Кој што е дух, пребива кај оние, кои што секојдневно се менуваат себеси во луѓе на духовното. Но, Бог не пребива со луѓето кои што кажуваат дека веруваат, а продолжуваат со грешењето и со извршувањето на делата на телесното. Библијата постојано ни посочува, дека ваквите луѓе не можат да го примат спасението (Псалм 92:7; Матеј 7:21; Римјаните 6:23).

Делата на телесното кои го спречуваат човекот да го наследи Кралството Божјо

Ако, по животот среде гревот, сватиме дека сме грешници и го прифатиме Исуса Христа, тогаш ќе се обидуваме да не ги извршуваме делата на телесното, кои очигледно се изразуваат како 'гревови'. Да, на Бога не му се угодни 'нештата на телесното', но 'делата на телесното' се тие, кои што всушност не ни дозволуваат да го наследиме Кралството Божјо. Затоа мораме да се обидуваме никогаш да не ги извршиме делата на телесното.

1 Јован 3:4 гласи, "Секој кој што врши грев, врши и

беззаконие; и гревот е беззаконие." Тука, "Секој кој што врши грев" се однесува на оние кои што ги извршуваат делата на телесното. Исто така, неправедноста е беззаконие; па затоа, ако сте неправедни, дури и да кажувате дека сте верник, Библијата ве предупредува дека нема да можете да го примите спасението.

1 Коринтјани 6:9-10 гласи, "Или пак, не знаевте дека неправедните нема да го наследат Кралството Божјо? Не лажете се; ниту блудниците, ниту идолопоклониците, ниту прељубниците, ниту феминизираните мажи, ниту хомосексуалците, ниту крадците, ниту алчните, ниту пијаниците, ниту клеветниците, ниту измамниците, нема да го наследат Кралството Божјо."

Во Матеј, глава 13, јасно е објаснето што ќе им се случи на ваквите луѓе на крајот од времињата: "Синот Човечки ќе ги испрати ангелите Свои, и тие ќе ги соберат сите соблазни од Кралството Негово, и оние кои што вршат беззаконие, и ќе ги фрлат во огнената печка; во местото каде што ќе има лелек и чкрипење со забите" (ст. 41-42). Зошто ќе се случат овие нешта? Тоа е така бидејќи наместо да ги отфрлаат гревовите, тие луѓе го живееле животот на компромисот со невистината на светот. Па така во очите Божји, тие не се 'жито', туку се 'плевел.'

Значи прво и најважно е да востановиме какви ѕидови на гревот имаме изградено помеѓу нас и Бога, а потоа да ги скршиме истите. Дури откако ќе го решиме проблемот со гревот, ќе можеме да бидеме признаени од страна на Бога, дека навистина ја поседуваме верата, па потоа ќе можеме да растеме и созреваме како 'житото'. Потоа ќе можеме да ги примаме одговорите на своите молитви, и да ги доживееме исцелувањата и благословите.

Очигледни дела на телесното

Бидејќи делата на телесното излегуваат како активности, можеме јасно да ја видиме изопачената и расипана слика на извршениот грев. Најочигледните дела на телесното се неморалот, нечистотијата и похотата. Овие гревови се гревови од сексуална природа, и оние кои што ги извршуваат истите, не можат да го примат спасението. Затоа, секој на кој што се однесуваат овие гревови, мора веднаш да се покае и да се одврати од ваквите грешни патишта.

1) Неморал, нечистотија, похота

Како прво, 'неморалот' тука се однесува на сексуалниот неморал. Тоа се однесува на случаите кога нежнет човек и немажена жена имаат физички однос. Во ова наше денешно време, поради тоа што општеството ни е исполнето со грев, имањето вакви сексуални односи, е нешто сосема нормално. Иако еден пар сака да се венча, и се сакаат помеѓу себе, ваквото дело сепак се смета за делување во невистината. Но она што е интересно, денес луѓето дури и не се чувствуваат засрамени заради ваквите дела. Тие не го сметаат ваквото дело како грев. Тоа е така бидејќи, преку драмите или филмовите, општеството претставува незаконити односи помеѓу луѓето, што отстапуваат од вистината и застрануваат во 'прекрасни љубовни приказни'. Како што луѓето ги гледаат и се вклучуваат во ваквите типови на драми и филмови, така нивните чувства за дискреција околу гревот се замаглуваат, и малку по малку, тие стануваат бесчувствителни кон овој грев.

Сексуалниот неморал не е прифатлив ниту од етички, ниту од морален поглед. Па тогаш колку би можело да биде прифатливо ова дело, во очите на светиот Бог? Ако еден пар навистина се сака помеѓу себе, тогаш тие треба, преку институцијата на бракот, да го примат признавањето од Бога, и од своите родители и членови на семејството, а дури потоа да ги напуштат своите родители и да станат едно тело.

Како второ, сексуален неморал е кога оженет човек или мажена жена, не ја запазува светоста на својот брачен завет. Имено, тоа се случува кога мажот или жената се препуштаат на односот со некоја друга личност, освен со својот законски придружник. Покрај прељубата што се случува во односите меѓу луѓето, постои и духовната прељуба, којашто луѓето многу често ја извршуваат. Тоа се однесува на случајот кога луѓето се нарекуваат себеси верници, а сепак вршат идолопоклонство или се консултираат со физијатри или можеби вражачи, или пак се потпираат на некаква црна магија или грешни маѓепснички дела. Такво е делото на обожувањето на злите духови и демони.

Ако погледнете во Броеви, глава 25, можете да видите дека додека синовите Израелеви престојувале во Ситим, луѓето не само што извршувале неморални дела со Мовските жени; туку исто така им се поклонувале и на нивните богови. Како резултат на таквите дела, врз нив се спуштил Божјиот гнев, па 24000 луѓе умреле од помор во еден единствен ден. Затоа, ако некоја личност каже дека верува во Бога, а сепак се потпира на идолите или демоните, тогаш тоа претставува дело на духовна прељуба, и дело на предавство кон Бога.

Како следно, 'нечистотијата' е кога било која грешна природа оди предалеку и станува нечиста. На пример, кога едно прељубничко срце оди предалеку, еден разбојник би можел да ги силува и мајката и нејзината ќерка во исто време. Ако љубомората пак отиде предалеку, тогаш и таа може да стане 'нечистотија'. На пример, ако една личност стане љубоморна на друга личност, до онаа точка којашто води кон цртање слики од таа личност, фрлањето стрелички од пикадо врз нив, или бодење на сликата со игли, тогаш таквите неморални дела стануваат како резултат на голема љубомора, и претставуваат дела на 'нечистотија'.

Пред една личност да поверува во Бога, таа во себе може да ги поседува грешните природи на омразата, љубомората или прељубата. Поради Адамовиот изворен грев, секој човек се раѓа со невистината во себе, којашто претставува корен на секоја човечка природа. Кога овие грешни природи во човекот ќе поминат една одредена граница и ќе отидат над границите на моралот и етиката, и ќе ѝ предизвикаат штета и болка не некоја друга личност, тогаш кажуваме дека се 'нечисти'.

'Похотата' претставува барање задоволство во чувствата, како што се на пример сексуалните желби или фантазии, и воедно е и извршување на сите овие видови на нечесни дела, додека се следат тие похотливи желби. 'Похотата' се разликува од 'прељубата' во тоа што личноста којашто е прељубничка, поголемиот дел од својот ден го поминува потопена во прељубничките мисли, зборови и дела. На пример, спарувањето со животните, или имањето хомосексуални врски – жена која извршува нечесни дела со друга жена, или маж со друг маж – или користењето на сексуални играчи, итн., сите тие се зли дела, коишто спаѓаат под терминот 'похотливост'.

Во денешното општество, луѓето кажуваат дека хомосексуалците треба да бидат почитувани. Но, тоа е спротивно на Бога и здравиот разум (Римјаните 1:26-27). Исто така, луѓето кои што се сметаат себеси дека се жени, или жените кои што си мислат дека се мажи, или трансексуалците, не се прифатливи, и му се одвратни на Бога (Второзаконие 22:5). Сето тоа оди против Божјиот ред на создавањето.

Кога едно општество ќе почне да се расипува заради гревот, првото нешто што ќе се одврати од Божјиот ред на создавањето, се моралот и етиката на човекот, во врска со сексот. Историски гледано, кога сексуалната култура на едно општество ќе почне да се расипува, тогаш таа е проследена со судот Божји. Содом и Гомора, како и Помпеи, се многу добри примери за тоа. Кога ќе погледнеме колку нашата сексуална култура станала хаотична низ целиот свет – дури и до точката да веќе не може ниту да се поправи – можеме да насетиме дека големиот Ден на Судот е многу блиску.

2) Идолопоклонсво, маѓепство и непријателство

'Идолите' можат да се поделат на две главни категории.

Првата е онаа, кога се создава имиџ на некој бог, којшто нема физичка форма, или создавањето некаков лик, којшто потоа станува објект на обожување. Луѓето ги сакаат нештата кои можат да ги видат со своите очи, да ги допрат со своите прсти, и да ги почувствуваат. Затоа луѓето користат дрво, камен, челик, злато или сребро, за создавање на ликови на луѓе, животни, птици или риби, кои потоа ги обожуваат. Тие потоа им даваат и имиња, како на пример бог на сонцето, на месечината, на ѕвездите, и им се поклонуваат (Второзаконие 4:16-19). Таквите дела се нарекуваат 'идолопоклонство'.

Во Исход, глава 32, можеме да видиме дека, кога Мојсеј се искачил на планината Синај, за да го прими Законот, и не се вратил веднаш долу, Израелците веднаш си направиле златно теле и почнале да го обожуваат. Иако луѓето виделе безброј знаци и чудеса, тие сепак не поверувале и почнале со обожувањето на идол. Гледајќи го тоа, гневот Божји се спуштил врз нив, и Бог рекол дека ќе ги уништи. Но, нивните животи биле поштедени заради ревносната молитва од страна на Мојсеја. Како резултат на овој настан, оние кои што биле над дваесет годишна возраст во времето на Исходот, не можеле веќе да ја наследат земјата Ханаанска, и ги оставиле своите животи во пустината. Преку овој настан можеме да видиме колку Бог го мрази правењето на идоли, поклонувањето пред нив и нивното обожување.

Како второ, ако постои нешто што го сакаме повеќе од Бога, тогаш тоа станува исто што и идолот. Колосјаните 3:5-6 гласи, "Затоа умртвете ги деловите од вашето земно тело кон неморалот, блудот, нечистотијата, страста, лошата желба и алчноста, кои се дел од идолопоклонството. Заради нив гневот Божји се спушта врз непослушните синови."

На пример, ако некоја личност во срцето ја поседува алчноста, тогаш таа може да ги засака материјалните добра повеќе од Бога, па заради желбата за поголема заработувачка, може да се случи, да не ја запази светоста на Денот Божји. Исто така, ако една личност се обиде да ја задоволи алчноста на срцето свое преку сакањето на други луѓе или предмети повеќе од Бога—како на пример, својот брачен сопружник, децата, славата, моќта, знаењето, забавата, телевизијата, спортот, хобито или излегувањето со девојки или момчиња—не сакајќи да се моли и да води ревносен духовен живот, тогаш и таквото дело, преставува дело на идолопоклонство.

Заради тоа што Бог ни има кажано да не го извршуваме делото на идолопоклонство, ако некој нè праша, "Значи Бог сака само Него да Го обожуваме, и само Него да Го сакаме?" и си помисли дека Бог е себичен, тогаш таквата личност е во заблуда. Бог не ни кажал да Го сакаме само Него, заради тоа да ни биде диктатор. Тој го направил тоа, за да може да нè поведе кон животот, којшто е вреден за живеење од страна на човечките битија. Ако некоја личност ги сака и обожува другите нешта повеќе од Бога, тогаш таа нема да може да ги исполни задолженијата коишто ѝ се дадени како на човечко битие, и нема да може да го изгони гревот од својот живот.

Како следно, речникот го дефинира поимот 'маѓепство' како "практикувањето магии од страна на личност, која што треба да покаже надприродни моќи или маѓепства, со помош на злите духови; црната магија; вештерството." Советувањето со шаманите, психичките медиуми и слични нешта, сето тоа спаѓа во оваа категорија. Некои луѓе одат на сеанси кај шаманите или некои луѓе коишто се претставуваат за психички медиуми, заради помош при полагањето испит на нивното дете, кое треба да се запише на факултет, или да дознаат дали нивниот вереник е вистинското совпаѓање за нив. Ако се случи нешто лошо во нивниот дом, таквите луѓе тогаш земаат амулет или амајлии, заради имање поголема среќа во животот. Но, чедата Божји никогаш не смеат да ги прават таквите нешта, бидејќи со нив се повикуваат лошите духови во нивните животи, па затоа можат да им се случат дури и поголеми страдања, како резултат на тоа.

'Волшепствата' и 'маѓепствата' претставуваат тактики за измама на луѓето, како што е осмислувањето на зли планови за измама на некого, или да го натераат да падне во замка. Гледано од духовна гледна точка, 'маѓепството' претставува дело на измама на друга личност, преку вешто осмислените лаги. Затоа темнината владее во многу делови од нашето општество денес.

'Непријателството' претставува огорченост и непријателски чувства кон некоја личност, со желба за нејзино целосно уништување. Ако внимателно го проучите срцето на луѓето кои што се непријателски настроени кон друга личност, ќе можете да видите дека тие се дистанцираат и ја мразат таа личност, било да е заради тоа што не ја сакаат заради некоја причина, или затоа што се понесени од своите негативни емоции. Кога тие зли, негативни емоции ќе прераснат и ќе поминат одредено ограничување, тогаш може да дојде до експлозија на делување кое би ѝ нанело штета и повреда на другата личност; како што се кажувањето клевети против неа, озборувањето и злите јазици кон неа, во кои спаѓаат и сите други видови на зли, негативни дела.

Во Самоил, глава 16, можеме да видиме дека штом духот ГОСПОДОВ го напуштил Саула, злите духови веднаш започнале да му додеваат. Но, кога Давид свирел на својата харфа, Саул се чувствувал освежено и добро, а злите духови го напуштале. Исто така, Давид го убил Филистејскиот џин, Голијат, употребувајќи прачка и камен, и го спасил народот Израелски од криза, ставајќи си го животот во опасност, заради верноста кон Саула. Но, Саул бил исплашен од неговата популарност кај народот, и можноста да му го преземе престолот, па затоа го прогонувал Давида долг низ години, обидувајќи се да го убие. На крајот, Бог се откажал од Саула. Словото Божјо ни кажува да ги сакаме дури и нашите непријатели. Затоа никгаш не смееме да имаме непријателство кон некого.

3) Кавги, љубомора, изливи на гнев

'Кавгите' се случуваат кога луѓето ги поставуваат својот личен напредок и моќ, пред позицијата на другите луѓе, и се борат за нив. Препирките обично почнуваат со алчност, и предизвикуваат конфликти што водат кон кавги помеѓу националните водачи, членовите на политичките партии, членовите во семејството, луѓето во црквата, и во сите други меѓучовечки односи.

Во Корејската историја постојат примери за кавги помеѓу националните водачи. Дае Вон Гоон, таткото на последниот император на Династијата Чосун, и неговата снаа царицата Мионг Сунг имале расправија околу политичката моќ, спротивставена една кон друга, со различни страни сили коишто ги поддржувале. Таквата ситуација траела повеќе од десет години. Сето тоа довело до хаос во нацијата, што на крајот довело до бунт со воено востание, па дури и со револуција на фармерите. Голем број на политички водачи биле убиени како резултат на тоа, а царицата Мионг Сунг била исто така убиена од рацете на јапонски платени убијци. На крајот, заради препирката помеѓу клучните лидери на нацијата, Кореја ја изгубила својата сувереност и била окупирана од Јапонците.

Препирките исто така можат да се случат помеѓу мажот и жената, или пак помеѓу родител и дете. Ако и сопругот и сопругата сакаат другиот да им се покори на нивните желби, тоа може да предизвика кавги и да доведе до нивна разделба. Постојат дури и некои случаи, каде што сопружниците и се тужат помеѓу себе, и стануваат смртни непријатели. Ако во црквата се појават препирки, тогаш Сатаната почнува да делува и да го спречува нејзиниот раст, и го спречува правилното функционирање на сите нејзини делови.

Како што ја читаме Библијата, сѐ почесто наидуваме на сцени каде што се опишани конфликтни ситуации и препирки. Во 2 Самоил 18:7, можеме да видиме дека Давидовиот син, Авесалом, повел бунт против Давида, во којшто биле убиени дваесет илјади луѓе, и тоа за само еден ден. Исто така, по смртта на Соломона, Израел се поделил на Северно Кралство – Израел, и на Јужно Кралство – Јудеја, а потоа, кавгите и војните помеѓу нив продолжиле да се случуваат. Особено во Северното Кралство – Израел, престолот постојано бил под закана од големиот број на препирки. Па така, знаејќи дека препирките единствено водат кон болка и уништување, се надевам дека секогаш ќе се залагате за доброто на другите и ќе создавате мир меѓу луѓето.

Како следно, 'љубомората' претставува ситуација кога една личност се оддалечува себеси од другите, и почнува да ги мрази, поради зависта која што се раѓа кај неа, мислејќи си дека другите се подобри од неа. Кога доаѓа до раст на љубомората, таа може да се развие во гнев, којшто ќе биде исполнет со зло. Тоа може да доведе до расправии, кои подоцна ќе доведат до кавги.

Ако се повикаме на Библијата, можеме да видиме дека двете жени на Јакова, Леа и Рахела, биле љубоморни една на друга, а Јаков бил меѓу нив (Битие, глава 30). Кралот Саул бил љубоморен на Давида, кого што народот повеќе го сакал (1 Самоил 18:7-8). Каин бил љубоморен на својот брат Авел, и затоа го убил (Битие 4:1-8). Љубомората произлегува од злото коешто пребива во срцето на личноста, што потоа го провоцира задоволувањето на нејзината алчност.

Најлесниот начин да откриете дали сте љубоморни, е да видите дали чувствувате непријатност кога друга личност напредува во животот и сѐ ѝ оди од рака. Понатаму, ситуацијата може да доведе до тоа, поради нелагодноста и одбивноста што ја чувствувате кон таа личност, да посакате да ѝ земете сѐ што поседува. Ако некогаш почнете да се споредувате со некоја личност и да се чувствувате обесхрабрени, тогаш љубомората е таа, којашто претставува корен на вашиот проблем. Кога една таква личност е на слична годишна возраст, со иста вера, искуство и позадина или животна средина, многу е лесно да станеме љубоморни кон таквата личност. Бог ни има заповедано "сакај го ближниот како себе самиот", па ако друга личност биде пофалена поради тоа што е подобра од нас во нешто, Бог сака да се радуваме заедно со неа. Тој сака да бидеме радосни толку многу, како да ги примаме пофалбите за самите себеси.

'Изливите на гнев' претставуваат изливи на нервоза коишто одат над обичната лутина којашто се обидувате да ја задржите во себе. Таквите нешта многу често имаат разурнувачки резултати. Таквите личности многу често стануваат нервозни, кога и да почувствуваат дека нешто не е според нивното мислење, и лесно можат да употребат насилство, па дури и да убијат. Самото станување фрустрирани и изразувањето на таа фрустрација не го попречува спасението; но сепак, ако ја поседувате злата природа на гневот во себе, може да ви се случи да дојде до излив на гнев кај вас. Затоа морате да го извлечете коренот на ова зло, да го исечете и исфрлите.

Таков бил случајот со Кралот Саул, кој што станал љубоморен на Давида, и постојано се обидувал да го убие, затоа што Давид бил многу фален од страна на народот—пофалби за кои тој мислел дека самиот ги заслужува! Постојат неколку места во Библијата, каде што можеме да прочитаме дека Саул изразил изливи на гнев. Тој еднаш фрлил копје кон Давида (1 Самоил 18:1). Само поради тоа што градот Ноб му помогнал на Давида, Саул го нападнал. Градот бил полн со свештеници, а Саул не само што ги убил мажите, туку ги убил и жените и децата, па дури и бебињата; тој исто така ги убил и воловите, магарињата и овците (1 Самоил 22:19). Ако и нам ни се случи да станеме гневни на тој начин, со тоа си натрупуваме големо количство на грев.

4) Спорови, расправии и фракции

'Споровите' предизвикуваат раздори меѓу луѓето. Ако нешто не им одговора, тие веднаш се склони на формирањето табори или групации. Ваквите нешта не се однесуваат едноставно на луѓето кои што се блиски, кои споделуваат заеднички нешта, или често се среќаваат. Тоа се спротивставени групи, во коишто членови озборуваат, судат и осудуваат. Овие групации можат да се формираат и во рамките на едно семејство, во соседството, па дури и во црквата.

Ако на пример, една личност не ги сака своите свештеници, и почне да ги озборува во одреден круг на луѓе, каде сите имаат исто мислење, тогаш тоа претставува 'синагога на Сатаната'. Поради тоа што овие луѓе ја попречуваат работата на свештениците, им судат и ги осудуваат истите, црквата во којашто служат, не може да доживее оживување.

'Расправиите' создаваат фракции и се одделуваат од остатокот, следејќи ги само сопствените мисли и намери. Пример за тоа претставува создавањето поделби во рамките на црквата. Тоа претставува дело што оди против добрата волја на Бога, бидејќи е предизвикано од тоа што, една личност си мисли дека само таа е во право, и сѐ друго треба да биде скроено на таков начин, што би придонесувало само за нејзината корист.

Давидовиот син, Авесалом, го предал и се побунил против својот татко (2 Самоил, глава 15), затоа што ја следел својата алчност. За време на неговата побуна, голем број на Израелци, па дури и Ахитофел, Давидовиот советник, застанале на страната на Авесалома, и го предале Давида. Бог ги напушта ваквите луѓе, кои што се впуштаат во делата на телесното. Затоа, Авесалом и сите негови луѓе биле на крајот поразени и се соочиле со мизерен крај.

'Ересот' претставува дело на луѓето кои го негираат Господа, Оној Кој што им ги откупил гревовите, и си донесуваат брзо уништување (2 Петар 2:1). Исус Христос ја пролеал Својата скапоцена крв, за да нé спаси сите нас, кои што се наоѓаме среде гревот; затоа е исправно да се каже дека Тој ни ги откупил нашите гревови, преку Својата крв. Па ако тврдиме дека веруваме во Бога, а го негираме постоењето на Светото Тројство, или пак Исуса Христа, Кој што ни ги откупил гревовите со Својата скапоцена крв, тогаш тоа е нешто, што ни донесува уништување.

Во минатото постоеле такви времиња, каде што не можела да се знае вистинската дефиниција на ересот, па затоа луѓето се обвинувале и осудувале меѓусебе за ерес, само затоа што малку се разликувале помеѓу себе. Сепак, тоа претставува многу опасно нешто, и може да се стави во категоријата на делата коишто го спречуваат Светиот Дух. Ако една личност навистина верува во Светото Тројство—во Отецот, Синот и Светиот Дух, и не Го негира Исуса Христа, тогаш не можеме да ја обвиниме за ерес.

5) Завист, убиство, пијанство, лумпување

'Зависта' претставува љубомора којашто се изразува во дело. Љубомората значи да не се согласувате или да не ги сакате другите кога нештата им одат добро во животот, а зависта е еден степен понатаму, каде што несогласувањето предизвикува делување и нанесување штета кон тие луѓе. Зависта вообичаено се јавува кај жените, но не е редок случајот кога може да се јави и кај мажите; и ако дојде до нејзино напредување, таа може да доведе до некои смртни гревови, како што е на пример убиството. Па дури и да не напредува до степенот којшто води кон убиство, сепак може да отиде до степенот на заплашување и повредување на таа личност, или до некои други зли дејствија, како што е создавањето заговор против таа личност или тие луѓе.

Како следно, тука е 'пијанството'. Во Библијата можеме да

прочитаме за една сцена, каде што по судот на потопот, Ное пие вино, се опива и прави грешка. Ноевото пијанство, на крајот доведува до проклетство на неговиот втор син, кој што отворено ја искажал неговата слабост. Ефесјаните 5:18 гласи, "И не пијанете се со виното, во коешто е разузданоста, туку полнете се со Духот." Тоа ни кажува дека пијанството е грев.

Причината поради која во Библијата постојат записи за луѓето кои што се пијанчеле со вино, е во тоа што во Израел постојат голем број на суви области во пустината, и водата е навистина ретка да се најде. Затоа алтернативно луѓето пиеле вино, направено од чистиот гроздов сок и од другите овошја, коишто обилувале со концетрацијата на шеќери во себе (Второзаконие 14:26). Сепак, луѓето од Изрелот го пиеле виното наместо вода; но не толку, за да се опијанат од него. Па така денес во нашата земја, каде што имаме изобилство на питка, чиста вода, навистина немаме потреба да пиеме вино или алкохолни пијалоци.

Можеме да прочитаме во Библијата, дека Бог немал намера да им дозволи на верниците да пијат јаки алкохолни пијалоци, како што било виното (Левит 10:9; Римјаните 14:21). Поговорки 31:4-6 гласи: "Не е за кралеви, О Лемуиле, не им прилега на кралевите да пијат вино, ниту на владетелите да пијат силен опоен пијалок, за да не ги заборават законите во пијачката, и да им ја изменат правдата на страдалниците. Дајте му жесток пијалок на оној кој што пропаѓа, а вино на човек што е огорчен во душата."

Можеби ќе прашате, "Дали е во ред ако се пие малку, не толку за да доведе до пијанство?" Но дури и ако пиете по малку, сепак стануваате 'малку опијанети'. Сепак се опијанувате, па макар и да е 'само малку'. Кога се опијанувате, ја губите самоконтролата, па дури и ако сте нормално смирена и нежна личност, може да ви се случи да станете насилни и груби, кога ќе се опијаните. Такви се луѓето кои што почнуваат да зборуваат со груб тон, да се однесуваат грубо и насилно, или дури и предизвикуваат сцени. Исто така, бидејќи пијанството предизвикува недостаток на разумност и дискреција, некои луѓе можат лесно да извршат разни видови на гревови, додека се под дејството на алкохолот. Вообичаено е луѓето кои што се пијанчат да си го уништуваат своето здравје, но не само на себе, туку и на своите сакани и најблиски исто така. Во голем број на случаи, иако луѓето се свесни дека пијанчењето е навистина штетно за нив, откако ќе почнат со таа активност, не можат да се запрат, и продолжуваат сè додека не си ги уништат своите животи. Затоа 'пијанството' е вклучено во листата на 'делата на телесното'.

Неколку нешта спаѓаат во категоријата на "лумпување". Ако една личност е многу вовлечена во пиењето, играњето, коцкањето и слични нешта, таа не може да ги врши одговорностите на глава на семејството, ниту да се грижи за своите деца, па затоа Бог го смета тоа за 'лумпување'. Исто така, немањето самоконтрола и барањето сексуални задоволства, водејќи неморален живот, или живеењето на животот онака како што ќе им се посака, сето тоа спаѓа во категоријата 'лумпување'.

Друг проблем којшто е вообичаен во денешното општество е опседнатоста на луѓето со луксузни производи и марки, што ги наведува на овој грев на лумпување. Луѓето купуваат посебно дизајнирани ташни, облека, чевли и друго, кои всушност не можат да си ги дозволат заради немањето доволно финансиски средства, што на крајот ги води кон големи долгови. Не знаејќи како да си ги вратат долговите, некои од луѓето извршуваат криминални дела, или дури извршуваат самоубиство. Така е кога луѓето немаат самоконтрола над алчноста, кога го сакаат лумпувањето, и мораат да се соочат со последиците на своите дела.

6) И слични нешта...

Бог ни кажува дека постојат многу дела на телесното, покрај оние коишто веќе се споменати. Но, мислејќи си, 'Како можам да се откажам од сите тие гревови?' нема да ни дозволи ниту да започнеме со процесот. Дури и да поседувате голем број на гревови во себе, ако дадете силен завет во своето срце и почнете силно да се обидувате, ќе бидете во можност да се ослободите од гревовите. Додека се обидувате да не ги извршувате делата на телесното, ако напорно работите во правењето добри дела, и постојано се молите на Бога, ќе можете да ја примите благодетта од Бога и да се здобиете со силата за да се преобразите како личност. Ваквото нешто можеби изгледа невозможно, само со силата на човекот; но сè е можно со силата на Бога (Марко 10:27).

Што ќе ви се случи ако продолжите да го живеете својот живот како сите други световни луѓе, среде гревот и лумпувањето, иако веќе знаете дека не можете да го наследите Кралството Божјо, ако продолжите со таквите дела на телесното? Тогаш тоа значи дека вие сте луѓе на телесното, имено 'плевелот,' и нема да можете да го примите спасението. 1 Коринтјаните 15:50 гласи, "Ова ви го велам, браќа, телото и крвта не можат да го наследат Кралството Божјо; ниту пак распадливото може да го наследи нераспадливото." Исто и во 1 Јован 3:8 се кажува, "Оној кој што врши грев, од ѓаволот е; затоа што ѓаволот греши уште од почетокот."

Мораме да запомниме дека, ако продолжиме со извршувањето на делата на телесното, и ѕидот на гревот помеѓу нас и Бога продолжи да расте, тогаш нема да можеме да го сретнеме Бога, ниту ќе можеме да ги добиваме одговорите на нашите молитви од Него, ниту пак ќе можеме да го наследиме Кралството Небесно, имено Небесата.

Сепак, самото прифаќање на Исуса Христа и примањето на Светиот Дух, не значи дека ќе можете веднаш да се отргнете од сите дела на телесното наеднаш. Но, со помошта од страна на Светиот Дух, ќе бидете во можност да се обидувате во напорите да го живеете животот на светоста, и да се молите со огнот од Светиот Дух. Потоа ќе можете да ги отфрлите делата на телесното, едно по едно. Дури и сеуште да имате неколку дела на телесното што не сте успеале да ги отфрлите, ако се обидувате со крајни напори да го сторите тоа, тогаш Бог нема да ве нарече луѓе на телесното, туку ќе ве нарече Негови чеда, кои што станале праведни преку верата и ќе ве поведе кон спасението.

Но ова не значи дека треба да останете на истото ниво, на неизвршување на делата на телесното. Секогаш треба да се обидувате, не само да ги отфрлите делата на телесното што се видливи, туку и оние коишто не можат да се видат. Во Старозаветните времиња било навистина тешко да се отфрлат делата на телесното, бидејќи Светиот Дух сеуште не им бил даден на луѓето, и тие морале сето тоа да го постигнат само со својата сопствена сила. Но, во Новозаветните времиња, луѓето можат да ги отфрлат нештата на телесното со помошта од Светиот Дух, и да станат осветени.

Тоа е така, бидејќи Исус Христос веќе ни ги има простено сите наши гревови, пролевајќи ја Својата скапоцена крв на крстот, и ни го испратил Светиот Дух, Помошникот, да ни помага. Затоа се молам и вие да ја примите помошта од Светиот Дух, да ги отфрлите сите дела на телесното, и сите нешта на телесното, за да можете да бидете признаени како вистински чеда Божји.

Глава 4

"Затоа понесете ги плодовите, одржувајќи го покајанието"

"Тогаш доаѓаа кај него, Ерусалим и целата Јудеја, и целата Јорданска околина; и тој ги крштеваше во реката Јордан, откако си ги исповедаа гревовите свои. Штом виде многу Фарисеи и Садукеи како доаѓаат да ги крсти, тој им рече, 'Породу змиски, кој ве предупреди да бегате од гневот што доаѓа? Затоа носете плодови одржувајќи го покајанието; и не помислувајте да си кажете себеси, "Авраам е нашиот татко"; затоа што ви велам, Бог може и од овие камења да му издигне чеда на Авраама. Секирата веќе лежи на коренот на дрвјата; па секое дрво што не дава добри плодови, ќе се исече и ќе се фрли во огнот.'"
(Матеј 3:5-10)

Јован Крстител бил пророк, што бил роден пред Исуса, и кој што 'го поплочил патот за Господа'. На Јована Крстител му била позната целта на неговото постоење, па кога дошол часот за тоа, тој вредно почнал да ги шири вестите за Исуса, за Месијата Кој што доаѓа. Во тоа време, евреите го чекале Месијата, кој што требало да ја спаси нацијата. Затоа Јован Крстител извикал во пустината на Јудеја, "Покајте се, затоа што се приближи Кралството Небесно!" (Матеј 3:2) И оние кои што се покајаа за гревовите свои, тој ги крштеваше со водата и ги водеше кон прифаќањето на Исуса Христа како свој Спасител.

Матеј 3:11-12 гласи, "Јас ве крштевам со вода, за покајание, но Оној, Кој што доаѓа по мене, е посилен од мене, и јас не сум достоен обувките да Му ги понесам; Тој ќе ве крсти со Светиот Дух и огнот. Вилата Негова е во раката Негова, и Тој темелно ќе го очисти гумното Свое; и ќе го собере житото Свое во амбарот, а плевелот ќе го изгори со неизгаслив оган." Јован Крстител им кажувал на луѓето пред доаѓањето на Исуса, Синот Божји, Кој што треба да дојде на овој свет, како наш Спасител, дека Тој на крајот ќе ни биде и Судија.

Кога Јован Крстител видел како голем број на Фарисеи и Садукеи доаѓаат да бидат крстени од него, тој ги нарекол "народ змиски" и ги прекорил. Тој го направил тоа затоа што, ако не ги понеле соодветните плодови на покајанието, не би биле во состојба да го примат спасението. Ајде да погледнеме во Јовановиот прекор, за да видиме какви точно видови на плодови треба да понесеме, за да можеме да го примиме спасението.

Породу змиски

И Фарисеите и Садукеите биле деови од Јудаизмот. Фарисеите се воздигнувале себеси како оние кои што се 'одделени'. Верувале во воскресението на праведните и судот на грешните; стриктно се придржувале до Законот на Мојсеја, и до традицијата на старешините. Затоа имале значаен статус во општеството.

Од друга страна пак, Садукеите биле аристократски свештеници, чиј интерес воглавно бил во храмот, а нивните погледи и обичаи се разликувале од оние на Фарисеите. Тие ја поддржувале политичката ситуација на владеењето на Римјаните, и одбивале да поверуваат во воскресението, вечната природа на душата, ангелите и духовните битија. Тие дури и гледале на Кралството Божјо, како на нешто привремено.

Во Матеј 3:7, Јован Крстител ги укорил Фарисеите и Садукеите, кажувајќи им, "Породу змиски, кој ве предупреди да бегате од гневот што доаѓа?" Зошто тогаш, Јован Крстител ги нарекол "пород змиски", кога самите тие се сметале за верници во Бога?

Фарисеите и Садукеите тврделе дека веруваат во Бога, и поучувале на Законот. Но, не го препознале Синот Божји, Исуса. Затоа во Матеј 16:1-4 се кажува, "И Фарисеите и Садукеите дојдоа, и искушувајќи Го, побараа да им покаже знак од Небесата. Но Тој им одговори, 'Кога се свечерува, кажувате, "Утре ќе биде ведро, затоа што небото е црвено." А наутро, "Денес ќе има бура, затоа што небото е црвено и замрачено." Лицемери, навистина знаете да ги распознаете појавите на небото, а не можете да ги распознаете знаците на времињата? Лукавото и прељуботворно поколение бара знак; но тој нема да му биде даден, освен знакот на Јона пророкот.' И ги остави, и си отиде."

Исто така, Матеј 9:32-34 гласи, "Додека тие излегуваа, ете, Му доведоа човек нем, опседнат со демон. Откако демонот беше изгонет, немиот проговори; и луѓето од толпата беа восхитени, и зборуваа, 'Никогаш вакво нешто се нема видено во Израелот.' А Фарисеите говореа, 'Тој ги изгонува демоните преку владетелот на демоните.'" Една добра личност би се радувала и би Му ја оддавала славата на Бога, поради тоа што Исус го изгонил демонот. Но Фарисеите уште повеќе Го мразеле Исуса, и Му суделе и Го осудувале, кажувајќи дека она што Го прави, е всушност дело на ѓаволот.

Во Матеј, глава 12, се среќаваме со сцената, каде што луѓето бараат некаква причина, поради која би можеле да Го обвинат Исуса, и Го прашувале дали е исправно да се исцели некоја личност за време на Сабатот. Знаејќи ги нивните намери, Исус им ја дал параболата за овцата што паднала во јама во време на Сабатот, за да ги поучи дека е добро да се прави добрина за време на Сабатот. Потоа го исцелил човекот чијашто рака била исушена. Наместо да научат нешто од тоа, тие почнале да коваат завера против Него, за да се ослободат од Исуса затоа што правел нешта што тие не можеле, поради што Му завидувале.

1 Јован 3:9-10 гласи, "Секој кој што е роден од Бога, не врши грев, затоа што семето Божјо пребива во него; и не може да згреши, затоа што е роден од Бога. Преку тоа можат јасно да се препознаат чедата Божји, и чедата на ѓаволот: секој кој што не ја практикува праведноста, не е од Бога, ниту пак е оној, кој што не си го сака братот свој." Тоа значи дека личноста која што греши, не е од Бога.

Фарисеите и Садукеите тврделе дека веруваат во Бога, но сепак биле исполнети со зло. Ги извршувале нештата на телесното, како што се љубомората, омразата, гордоста и судењето и осудата. Исто така извршувале и други видови на дела на телесното. Единствено се залагале за почитувањето и формалноста на Законот, и ја барале светската слава и чест. Биле под влијанието на Сатаната, на старата змија (Откровение 12:9); па така, кога Јован Крстител ги нарекол 'пород змиски', тоа е она, на што тој алудирал.

Понесете ги плодовите одржувајќи го покајанието

Ако навистина сме чеда Божји, би требало секогаш да бидеме во светлината, бидејќи Самиот Бог е Светлината (1 Јован 1:5). Ако сме во темнината, која е спротивна на Светлината, тогаш не сме чеда Божји. Ако не делуваме во праведноста, која е всушност Словото Божјо, или ако не ги сакаме своите браќа во верата, тогаш не сме од Бога (1 Јован 3:10). Таквите луѓе не можат да ги примат одговорите на своите молитви. Не можат ниту да го примат и спасението, а уште помалку да го доживеат делото Божјо.

Јован 8:44 гласи, "Вие потекнувате од таткото ваш, ѓаволот, и сакате да ги исполнувате желбите на вашиот отец. Тој беше убиец уште од почетокот, и не остана во вистината, затоа што во него воопшто нема вистина. Кога зборува лаги, зборува од својата сопствена природа, затоа што е лажливец и татко на лагите."

Поради Адамовиот непокор, сето човештво се раѓа како деца на непријателот ѓаволот, кој што е владетелот на темнината. Само оние, кои што го имаат примено проштевањето преку верувањето во Исуса Христа, можат да бидат повторно родени како чеда Божји. Сепак, ако тврдите дека верувате во Исуса Христа, а продолжите да си го полните срцето со гревови и зло, тогаш не можете да бидете наречени чеда Божји.

Ако сакаме да станеме чеда Божји, и да го примиме спасението, треба бргу да се покаеме за сите наши дела на телесното, и за сите нешта на телесното, и да го понесеме соодветниот плод на покајанието, делувајќи во согласност со желбите на Светиот Дух.

Не си претпоставувајте дека Авраам е вашиот татко

Откако им кажал на Фарисеите и Садукеите да ги понесат плодовите одржувајќи го покајанието, Јован Крстител продолжил, "и не помислувајте да си кажете себеси, "Авраам е нашиот татко"; затоа што ви велам, Бог може и од овие камења да му издигне чеда на Авраама" (Матеј 3:9).

Кое е духовното значење скриено зад овој стих? Потомците

на Авраама треба да наликуваат на него. Но, за разлика од Авраама, таткото на верата и луѓето на праведност, Фарисеите и Садукеите биле исполнети со беззаконие и неправедност во своите срца. Додека извршувале зли дела и му се покорувале на ѓаволот, тие сепак себеси се сметале за чеда Божји. Затоа Јован ги прекорил, споредувајќи ги со Авраама. Бог може да го види центарот на човечкото срце, и не ја гледа неговата појава (1 Самоил 16:7).

Римјаните 9:6-8 гласи, "Но не треба да се мисли дека Словото Божјо изневерило, бидејќи не се Израел, сите оние кои што се од Израел; ниту пак се сите потомци Авраамови, затоа што потекнуваат од него, туку речено е: 'ОД ИСАКА ПОТОМСТВОТО ЌЕ СЕ НАРЕЧЕ СО ТВОЕТО ИМЕ.' Односно, нема чедата на телесното да бидат чеда Божји, туку чедата на ветувањето ќе се признаат како потомци."

Таткото Авраам имал многу синови; сепак, само потомците на Исака станале вистинските потомци Авраамови – потомството на ветувањето. Фарисеите и Садукеите биле Израелци по крв, но за разлика од Авраама, тие не го запазиле Словото Божјо. Па така зборувајќи во духовна смисла, тие не можеле да бидат признаени како вистински чеда на Авраама.

На истиот тој начин, не може некој само затоа што го прифатил Исуса Христа и присуствувал на богослужбите, не значи дека автоматски ќе стане чедо Божје. Терминот чедо Божјо се однесува на личноста која што го прима спасението преку верата. Понатаму, имањето вера не значи само слушањето на Словото Божјо, туку и неговото практикување. Ако само со нашите усни се исповедаме дека сме Негови чеда, а срцата наши ни се полни со неправедноста што Му е одвратна на Бога, тогаш не можеме да се нарекуваме себеси чеда Божји.

Ако Бог ги посакувал чедата кои што делуваат во злото,

какви што биле Фарисеите и Садукеите, Тој би ги избрал безживотните камења што се тркалаат наоколу, да бидат Негови чеда. Но тоа не била Неговата волја.

Бог ги посакувал вистинските чеда, со кои што би можел да ја споделува Својата љубов. Тој ги сакал чедата како што бил Авраам, кој што го сакал Бога и во целост му се покорувал на Неговото Слово, постојано делувајќи поттикнат од љубовта и добрината. Тоа е така затоа што луѓето кои што не го отфрлаат злото од своите срца, не можат да Му ја донесат вистинската радост на Бога. Ако го живееме животот како Фарисеите и Садукеите, следејќи ја волјата на ѓаволот наместо на Бога, тогаш Бог не би имал потреба да вложува толку многу напор во создавањето на човекот и неговата култивација. Тој едноставно можел да ги земе обичните камења и да ги претвори во потомци на Авраама!

"Секое дрво коешто не носи добри плодови, ќе биде исечено и фрлено во огнот"

Јован Крстител им кажал на Фарисеите и Садукеите, "Секирата веќе лежи на коренот на дрвјата; па секое дрво што не дава добри плодови, ќе се исече и ќе се фрли во огнот" (Матеј 3:10). Она што Јован Крстител сакал да го каже тука е, бидејќи Словото Божјо веќе било кажано, на секој човек ќе му биде судено во согласност со неговите дела. Затоа ако некое дрво не дава добри плодови – какви што биле Фарисеите и Садукеите – ќе биде фрлено во Пеколниот оган.

Во Матеј 7:17-21, Исус кажал, "Па така, секое добро дрво носи добри плодови, а секое лошо дрво носи лоши плодови. Не може доброто дрво да дава лоши плодови, а лошото дрво да дава добри плодови. Секое дрво што не дава добри плодови, се сече и се фрла во огнот. Па така, ќе ги препознаете по плодовите нивни. Не секој што Ми кажува, 'Господи, Господи,' ќе влезе во

Кралството Небесно, туку ќе влезе оној, кој што ја исполнува волјата на Отецот Мој, Кој што е на Небесата."

Исус исто така рекол и во Јован 15:5-6, "Јас сум лозата, а вие сте гранките! Кој останува во Мене, и Јас во него, тој дава многу плод; затоа што без Мене не можете ништо да направите. Ако некој не пребива во Мене, како прачка ќе биде исфрлен надвор и ќе се исуши; и ќе ги соберат, и ќе ги фрлат во огнот, и ќе изгорат." Тоа значи дека чедата Божји, кои што делуваат во согласност со Неговата волја и ги носат убавите плодови, ќе можат да отидат на Небесата, но оние пак, кои што не го прават тоа, се чедата на ѓаволот и ќе бидат фрлени во Пеколниот оган.

Кога во Библијата се зборува за Пеколот, често се употребува зборот 'оган'. Откровението 21:8 гласи, "А на страшливите и на неверните, на гнасните и на убијците, на блудните и на волшебниците, на идолопоклониците и на сите лажливци, делот нивни е во езерото, што гори со оган и сулфур, а тоа е во втората смрт." Првата смрт е кога завршува физичкиот живот на една личност, а втората смрт е кога душата, или господарот на личноста, ќе го прими судот и ќе падне во вечниот Пеколен оган, којшто никогаш не згаснува.

Пеколот се состои од огнено езеро и сулфурно езеро, каде што гори 'сулфурот'. Оние луѓе кои што не веруваат во Бога, и оние кои што тврдат дека веруваат во Него, а ја практикуваат неправедноста, не носејќи ги плодовите на покајанието, немаат ништо заеднчко со Бога; затоа тие ќе бидат фрлени во огненото езеро во Пеколот. А луѓето кои имаат сторено нешто што е толку зло, што дури е непоимливо за луѓето, или пак му се спротивставиле на Бога на некој сериозен начин, или можеби делувале како лажни пророци и предизвикале многумина да отидат во Пеколот, ќе паднат во сулфурното езеро, каде што гори сулфурот, и е седум пати пожешко од огненото езеро (Откровение 19:20).

Некои тврдат дека штом еднаш го примите Светиот Дух и името ви биде запишано во Книгата на животот, вие ќе бидете спасени без разлика што потоа ќе се случува. Спак, тоа не е точно. Откровение 3:1 гласи, "Ги знам делата твои, имаш име како да си жив, но мртов си." Откровение 3:5 гласи, "Оној кој што победува, ќе се облече во бели облеки; и нема да го избришам името негово од книгата на животот, туку ќе го признаам името негово пред Отецот Мој, и пред ангелите Негови." "Имаш име како да си жив" се однесува на оние кои што го имаат прифатено Исуса Христа, и чии што имиња се запишани во Книгата на животот. Но сепак, овој пасус ни кажува дека, ако една личност продолжи да греши и да се движи по патот на смртта, тогаш нејзиното име може да биде избришано од Книгата на животот.

Во Исход 32:32-33, можеме да видиме една сцена, каде што Бог им е лут на Израелците, и е на работ да одлучи да ги уништи, поради тоа што почнале да обожуваат идоли. Во тој момент, Мојсеј почнал да посредува во името на синовите Израелеви, молејќи го Бога да им прости – дури и тоа да значи дека неговото име ќе биде избришано од Книгата на животот. Слушајќи го тоа, Бог рекол, "ГОСПОД му одговори на Мојсеја, 'Оној кој што згрешил против Мене, ќе го избришам од книгата Моја" (Исход 32:33). Тоа значи дека иако името ви биде запишано во книгата, тоа може да биде избришано од неа, ако се оддалечите од Бога.

Постојат многу места во Библијата, каде што се зборува за одделувањето на житото и плевелот, меѓу верниците. Матеј 3:12 гласи, "Вилата Негова е во раката Негова, и Тој темелно ќе го очисти гумното Свое; и ќе го собере житото Свое во амбарот, а плевелот ќе го изгори со неизгаслив оган." Исто така во Матеј 13:49-50 е кажано, "Така ќе биде на крајот на векот; ангелите ќе излезат и ќе ги одделат злите од среде праведните, и ќе ги фрлат во огнената печка; а таму ќе има лелекање и чкрипење со забите."

Тука, "праведните" се однесува на верниците, а "злите од среде праведните" се однесува на оние, кои што се исповедаат дека се верници, а се како плевелот, и ја поседуваат мртвата вера, всушност верата без дела. Таквите луѓе ќе бидат фрлени во Пеколниот оган.

Плод е да се одржува покајанието

Јован Крстител ги поттикнувал луѓето не само на покајание, туку и на носењето плодови додека го одржуваат покајанието. Кои се тие плодови додека се одржува покајанието? Тоа се плодовите на светлината, плодовите на Светиот Дух, и плодовите на љубовта, а сите тие се убавите плодови на вистината.

Можеме да прочитаме за тоа во Галатјаните 5:22-23, "А плодовите на Духот се љубовта, радоста, мирот, трпението, љубезноста, добрината, верноста, кроткоста, самоконтролата; не постои закон против таквите нешта." Ефесјаните 5:9 гласи, "А плодот на Светлината се состои од сета добрина, и праведност, и вистина..." Меѓу сите тие, ајде да погледнеме на деветте плодови на Светиот Дух, коишто одлично ги претставуваат овие 'добри плодови'.

Првиот плод е љубовта. 1 Коринтјаните, глава 13 ни кажува што претставува вистинската љубов, кажувајќи ни "Љубовта е трпелива [и] љубовта е кротка. Таа не е љубоморна, не се фали [и] не се воображува, не се однесува непристојно, итн" (с. 4-5). Со други зборови кажано, вистинската љубов е духовна љубов. Понатаму, овој тип на љубов е љубовта којашто се саможртвува, со којашто една личност е спремна дури да се жртвува, и да го даде својот живот, за Кралството Божјо и за Неговата праведност. Една личност може да ја добие таквата љубов само толку, колку што ќе може да ги отфрли од себе гровот, злото и беззаконието, и со тоа ќе станува сѐ поосветена.

Вториот плод е радоста. Луѓето кои што го поседуваат овој плод на радоста, можат да се радуваат не само кога нештата во животот добро ќе им одат, туку и во сите други ситуации и околности на коишто ќе наидат. Тие се секогаш радосни, бидејќи се наоѓаат среде надежта за Небесата. Затоа таквите личности никогаш не се грижат; и без разлика на какви проблеми можат да наидат во животот, секогаш се молат со вера, и затоа секогаш ги добиваат одговорите на своите молитви кон Бога. Поради фактот што веруваат дека Семоќниот Бог е нивниот Отец, тие можат постојано да бидат радосни, постојано да се молат и да ја оддаваат благодарноста на Бога, во сите ситуации од животот.

Третиот плод е мирот и смирението. Личноста која што го поседува овој плод, го поседува срцето што не доаѓа во судир со никого. Поради фактот што ваквите луѓе во себе воопшто немаат омраза, или наклоност кон борбата и караницата, кон самоцентричноста или себичноста, тие лесно можат да го стават доброто на другите на прво место, да се жртвуваат за нив, да им служат, и да ги третираат со љубезност и добрина. Како резултат на сето тоа, тие се во состојба да постигнат мир со секого, во секое време.

Четвртиот плод е трпението. Носењето на овој плод значи дека личноста е трпелива во вистината, преку разбирањето и простувањето на другите. Тоа не значи само да "изгледа" трпеливо, потиснувајќи го гневот во себе. Тоа значи да се отфрлат злите нешта, како што се гневот и лутината, и да се исполни срцето со добрина и вистина наместо нив. Тоа значи дека личноста треба да биде способна да ги разбере сите видови на луѓе, и да биде во состојба да ги прегрне и прифати. Па како резултат на тоа што ваквата личност во себе нема негативни емоции, воопшто нема ни потреба за зборовите како што се "простување" и "да се биде трпелив." Не само што овој плод се однесува на односите меѓу луѓето, туку исто така значи да се биде трпелив и со самиот себе, отфрлајќи го злото од своето срце и трпеливо чекајќи ги одговорите на своите молитви и барања, испратени до Бога.

Петтиот плод, љубезноста, значи да се биде способен да се свати некоја личност, кога за другите тоа е невозможно. Овој плод на љубезноста го прави возможно и простувањето, кога за другите тоа е невозможно. Ако во себе ги имате самоцентричните мисли, или си мислите дека постојано сте во право, тогаш нема да можете да го понесете плодот на милоста. Единствено кога ќе бидете во состојба да заборавите на себеси, да ги прифатите сите нешта со отворено срце, и да се грижите за другите со љубов, ќе можете навистина да бидете полни со разбирање и прошка.

Шестиот плод е добрината. Тоа значи да се имитира срцето на Христа: срцето што никогаш не се препира, ниту станува разметливо; да не се крши искршената трска, ниту да се гасне фитилот што тлее. Тое е вистинското срце, кое откако ќе ги отфрли сите гревови, секогаш ќе ја бара добрината со помош на Светиот Дух.

Седмиот плод е верноста. Тоа значи да се биде верен до самата смрт – кога се работи за борбата против гревот и неговото отфрлање од срцето, за да може истото да се исполни со вистината. Воедно значи и да се биде лојален и верен и кон исполнувањето на своите задолженија во црквата, во домот, на работното место, или кон било кое друго задолжение што ви е зададено. Тоа значи да се биде верен во "сиот Божји дом".

Осмиот плод е нежноста. Поседувањето на плодот на нежноста, значи да се поседува срцето коешто е меко како памук, способно да прифати секаков вид на луѓе. Ако успеете да го постигнете ваквото срце на нежноста, без разлика кој и да ви дојде, и да се обиде да ве навреди, вие воопшто нема да бидете навредени, ниту повредени. Исто како што, кога една личност фрла камен во големо клопче памук, клопчето го прифаќа каменот и го покрива во себе, исто така и вие, ако го поседувате плодот на нежноста, ќе можете да ги прифатите и прегрнете сите видови на личности, станувајќи им сенка на оние кои што дошле да се одморат во вашето присуство.

Како последно, ако го понесете плодот на самоконтролата, ќе бидете во можност да ја добиете стабилноста во сите области на вашиот живот. Во средениот живот, ќе бидете во можност да ги понесете сите исправни видови на плодови, во соодветно време. Значи, ќе можете да уживате во убавиот и благословен живот.

Поради тоа што Бог посакува да ги имаме убавите вакви срца, Тој ни кажал во Матеј 5:14, "Вие сте светлината на светот," а во стихот 16, "...Така нека свети вашата светлина пред луѓето, за да ги видат вашите добри дела, и да Го прославуваат Отецот ваш, Кој што е на Небесата." Ако можеме да ги понесеме плодовите на Светлината, коишто се во ист правец со покајанието, навистина пребивајќи во Светлината, тогаш сите добри дела и праведноста, и вистината, ќе ни ги преплават нашите животи (Ефесјаните 5:9).

Луѓето што ги носат плодовите, одржувајќи го покајанието

Кога вршиме покајание за нашите гревови и ги носиме плодовите одржувајќи го покајанието, тогаш Бог го признава тоа како наша голема вера, и нѐ благословува со тоа што ни ги праќа одговорите на нашите молитви. Ако успееме да се покаеме од дното на своето срце, Бог ќе ни ја даде Неговата милост.

Во времињата на искушенија и страдања, Јов го открил злото во своето срце, и се покајал заради тоа, фрлајќи врз себе пепел и прашина. Тогаш Бог ги исцелил сите распукани чиреви по неговото тело, и го благословил со дупло повеќе благо и богатство, од она што претходно ги поседувал. Тој воедно го благословил и со деца, кои биле уште поубави од оние кои ги имал претходно (Јов, глава 42). Кога Јона се покајал, кога бил заробен во стомакот на големата риба, Бог решил да го спаси. Луѓето од Нинива постеле и се каеле откако го примиле предупредувањето за гневот Божји, којшто се надвиснал над нив заради нивните гревови, па Бог решил да им прости (Јона, глава 2-3). Бог му кажал на Езекија, 13тиот крал на Јужнот Кралство Јудеја, "Ќе умреш и нема да живееш." Но, кога тој почнал да извикува во покајание, Бог му го продолжил животот за 15 години (2 Кралеви, глава 20).

На овој начин се покажува дека иако една личност изврши некое зло дело, ако потоа од сѐ срце се покае заради тоа, и навистина се одврати од својот грешен пат, Бог ќе го прими нејзиното покајание. Бог ги спасува сите Негови луѓе, како што е запишано во Псалм 103:12, "Онолку колку што исток е далеку од западот, толку Го оддалечија од нас, нашите безаконија."

Во 2 Кралеви, глава 4, можеме да прочитаме за една угледна жена од Сунам, која верно го угостила Елисеја со своето гостопримство. Иако не го побарала тоа, таа добила син, кого долго време го посакувала. Таа не му служела на Елисеја заради добивањето на благослов, туку затоа што го сакала и се грижела за Божјиот слуга. На Бога му било угодно нејзиното добро дело, и затоа ја благословил со благословот на зачнувањето.

Исто така и во Дела, глава 9, можеме да прочитаме за Тавита, ученичката која што имала направено многу дела на љубезноста и милоста. Кога се разболела и умрела, Бог го искористил Петра да ја врати во живот. Бог навистина сака да им одговори на молитвите на саканите чеда, кои ги носат убавите плодови, и да ги опсипа со благодет и благослови.

Затоа мораме јасно да ја имаме на знаење волјата на Бога, и да ги носиме убавите плодови одржувајќи го покајанието. Треба да го имитираме срцето на нашиот Господ и да ја практикуваме праведноста. Поребно е да извршиме разгледување на самите себеси со помош на Словото Божјо, и да видиме дали некој дел од нашиот живот не бил во согласност со него. Се молам на Бога да му се вратите Нему, носејќи ги плодовите на Светиот Дух, и плодовите на Светлината, за да можете да ги примите одговорите на сите ваши молитви.

Речник

Разликата помеѓу гревот и злото

"Гревот" е било кое дело што не е во согласност со верата. Тоа е чинот кога не го правиме она, за коешто знаеме дека е исправно да се направи. Гледано во поширока смисла, сето она што нема ништо заедничко со верата, претставува грев; затоа не верувањето во Исуса Христа претставува најголем грев.

"Злото" претставува нешто што е неприфатливо, ако се спореди со Словото Божјо, што всушност го претставува сето она, што е во спротивност со вистината. Тоа се грешните природи коишто остануваат во срцето на човекот. Соодветно на тоа, гревот е специфична, надворешна манифестација, или видлива форма на злото, коешто се наоѓа во срцето на една личност. Злото по природа е невидливо нешто; затоа гревот се воспоставува како резултат на злото, што е во срцето на една личност.

Што е добрината?

Ако погледнеме во речникот, добрината е "состојба или квалитет да се биде добар, морално одличен, доблесен". Сепак, во зависност од совеста на секоја личност, стандардите за добрината можат да се разликуваат. Затоа апсолутниот стандард за добрината мора да се најде во Словото Божјо, Кое што самото е добрина. Па така, добрина е вистината, имено Словото Божјо. Таа ги претставува Неговата волја и Неговите мисли.

Глава 5

"Презрете го она што е зло; приклонете се кон она што е добро."

"Љубовта нека не биде лицемерна.
Презрете го она што е зло;
приклонете се кон она што е добро."
(Римјаните 12:9)

Во оваа наша денешница и доба, можеме да видиме како злото егзистира и во односите моѓу родителите и нивните деца, меѓу сопружниците, меѓу браќата и сестрите, и меѓу соседите. Луѓето се тужат помеѓу себе околу наследство, а во некои случаи, луѓето го издаваат своето пријателство само заради својата лична корист. Тоа не доведува само до израз на запрепастеност кон нив од страна на другите; туку воедно им носи и големи страдања на таквите луѓе. Затоа Бог рекол, "Воздржувајте се од секоја форма на зло" (1 Солунјани 5:22).

Светот ја нарекува една личност 'добра' кога таа е морално исправна и совесна. Сепак, постојат голем број на случаи, каде што дури и 'добриот' морал и совест на личноста, не се толку добри, ако се споредат со Словото Божјо. Понатаму, постојат дури и случаи, каде што тие всушност се во контрадикторност со волјата на Бога. Единствената вистина која треба да ја паметиме тука, е Словото Божјо—и единствено Неговото Слово—може да биде апсолутниот стандард за 'добрината'. Затоа, сето она што не е во целост истоветно со Словото Божјо, претставува зло.

Како тогаш постои разлика помеѓу гревот и злото? Овие две нешта изгледаат слични, но всушност се различни. На пример, ако употребиме едно дрво како илустрација, злото е нешто како корењата, коишто се под земјата и се невидливи, додека гревот е нешто како видливиот дел на дрвото, гранките, лисјата и плодовите. Исто како што едно дрво може да живее затоа што има корења, исто така и гревовите на една личност можат да постојат заради зло коешто е во неа. Злото претставува едно од природите во срцето на човекот, околу кое се вртат сите црти и состојби на личноста, коишто се во спротивност со Бога. Кога ова зло презема форма на изразување, како на пример мисла или делување, тогаш тоа се нарекува "грев".

Како злото се покажува како грев

Лука 6:45 гласи, "Добриот човек од добрата ризница на срцето свое изнесува добрина; а лошиот човек од лошата ризница на срцето свое изнесува зло; затоа што устата негова го збороува она, со што му е исполнето срцето негово." Ако во срцето негово постои 'омраза', тогаш таа излекува надвор во форма на 'саркастични примедби', 'остри зборови', или други видови на специфични гревови, слични на нив. За да можеме да видиме како злото коешто пребива внатре во срцето излегува во форма на грев, ајде да погледнеме подетално на Давида и на Јуда Искариотски.

Една ноќ, кога кралот Давид се шетал по покривот на својата палата, тој видел една жена како се капе и бил оземен со страста кон неа. Тој ја повикал и го извршил чинот на прељубата со неа. Жената се викала Батшеба, а кога тоа се случило, нејзиниот маж Урија, не бил дома, затоа што бил отиден на бојното поле. Кога

Давид дознал дека Батшеба е трудна, тој сковал завера за да го убие Урија на бојното поле, и да ја земе Батшеба за своја жена.

Се разбира Давид само го ставил Урија пред копјето на војната—тој не го убил самиот—и во тоа време, како крал, Давид го поседувал авторитетот да има жени колку што ќе посака. Но, во срцето на Давида, постоела очигледна намера да го убие Урија. Ако и вие, на таков начин, имате зло во срцето свое, можете многу лесно да извршите грев, во било кое време.

Како последица на таквиот грев, синот што Давид го добил со Батшеба, умрел; а другиот негов син Авесалом, извршил предавство кон него. Како резултат на сето тоа, Давид бил принуден да бега, а Авесалом го извршил одвратниот чин, легнувајќи со љубовницата на својот татко, и тоа пред очите на своите луѓе, среде бел ден. Поради тој настан, умреле голем број на луѓе од кралството, вклучувајќи го и самиот Авесалом. Значи гревот на прељубата и убиството ги донеле големите страдања за Давида и неговите луѓе.

Јуда Искариотски, едниот од дванесетте Исусови ученици, го претставува основниот пример за предавство. За време на 3-годишното придружување на Исуса, тој бил во можност да види секакви видови на чуда, што можат да се случат единствено преку силата на Бога. Тој бил задолжен за финансиите, па затоа имал проблем со отфрлањето на алчноста од своето срце, и одвреме навреме, земал пари од вреќичето, и ги користел за своите сопствени потреби. На крајот, неговата алчност преовладала и го предизвикала предавството на неговиот учител, а вината којашто потоа ја чувствувал, го предизвикала неговото самоубиство со бесење.

Па така, ако постои зло во вашето срце, никогаш нема да можете да знаете, во каква форма или облик тоа може да се изрази. Дури и да станува збор за мало количество на зло, ако тоа почне да расте, Сатаната ќе почне да делува низ него, и ќе ве наведе кон извршување на гревот, на којшто нема да можете да му се спротивставите. Може да ви се случи да предадете некоја личност, па дури и Самиот Бог. Ваквиот вид на зло, им донесува болка и страдање на луѓето околу вас и на вас самите. Тоа е причината зошто морате да го мразите она што е зло, и да ја отфрлите дури и најмалата форма на зло од себе. Ако го мразите она што е зло, тогаш природно ќе се оддалечите себеси од него, нема да мислите на него, и нема да го носите во себе. Единствено ќе правите само добри дела. Затоа Бог ни кажал да го мразиме она што е зло.

Причината зошто ни доаѓаат болестите, тестовите, испитанијата и страдањата, лежи во тоа што сме ги извршиле делата на телесното, дозволувајќи му на злото коешто пребива во нашите срца, да се изрази надворешно во вид на грев. Ако не си го контролираме своето срце и ги извршуваме делата на телесното, тогаш во очите на Бога, воопшто не се разликуваме од животните. Ако се случи такво нешто, тогаш ќе се јави гневот Божји, и Тој ќе не казни, за да можеме повторно да станеме луѓе, и да се разликуваме од животните.

Да се отфрли злото и да се стане личност на добрината

Испитанијата и страдањата не ни доаѓаат тукутака, само заради мислите на невистината, или заради нештата на телесното кои егзистираат во нашите срца. Но, мислите можат да се развијат во дела на телесното (грешните дела) во секое време, па затоа мораме да се ослободиме од таквите нешта на телесното.

Над сè друго, ако една личност не верува во Бога, дури и по сведочењето на големите чуда направени од Него, тогаш тоа претставува зло над сите зла. Во Матеј 11:20-24, Исус ги осудил градовите во кои биле изведени повеќето од Неговите чуда, затоа што луѓето во нив не се покајале. На Хоразин и Витсаида, Исус им кажал, "Тешко тебе," и ги предупредил, "Затоа што ако во Тир и Сидон се беа случиле чудата што кај вас се случија, одамна би се покајале во вреќишта и пепел. Но ви велам, полесно ќе им биде на Тир и Сидон во Судниот ден, отколку вам." А на Капернаум му рекол, "На земјата Содомска ќе ѝ биде полесно на Судниот ден, отколку на тебе."

Тир и Сидон се два незнабожечки града. Витсаида и Хоразин се Израелски градови, на север од Морето Галилејско. Витсаида воедно е и родниот град на трите ученика: Петар, Андреј и Филип. Таму Исус му ги отворил очите на слепиот човек, и таму ги извел големите чуда на двете риби и петте векни леб, со кои нахранил 5000 души. Бидејќи луѓето во тие градови биле сведоци на ваквите моќни чуда, што им го давале доказот за верата во Исуса, тие требало веднаш да почнат да Го следат, да се покајат, и да го отфрлат злото од своите срца, согласно со Неговото учење. Но, тие не го направиле тоа. Затоа Тој ги прекорил.

Истото важи и за нас денес. Ако една личност биде сведок на знаци и чудеса, коишто се изведуваат од страна на Божја личност, и сепак и понатаму не верува во Бога, туку ѝ суди и ја осудува Божјата личност, тогаш таа го демонстрира доказот дека во нејзиното срце пребива злото. Зошто тогаш луѓето не поверувале? Затоа што требало да се потчинат себеси и да ги отфрлат делата на телесното, а не го сториле тоа. Наместо тоа, тие продолжиле со извршувањето на делата на телесното и на гревовите. Колку повеќе ги извршувале гревовите, толку побесчувствителни станувале и толку позакоравени срца поседувале. Нивната совест станала бесчувствителна и изгорена, како со жешко железо.

Иако Бог им изведувал чуда, кои сакал да ги видат, луѓето кои што биле со вакви срца, не можеле да ги сватат и да поверуваат во чудата. Бидејќи не биле во состојба да ги сватат ваквите дела, тие не биле ниту во состојба да се покајат, а бидејќи не се покајале, не можеле да Го прифатат Исуса Христа. Тоа е нешто налик на ситуацијата на личноста која што краде. Во почетокот, личноста се плаши да украде и најмало нешто; но по повторувањето на тоа дело неколку пати, таа веќе не чувствува прекор од совеста, бидејќи срцето ѝ станало закоравено и тврдокорно, поминувајќи низ таквиот процес.

Ако Го сакаме Бога, единствено правилно нешто би било да го презираме злото и да се приклониме кон доброто. За да можеме да го направиме тоа, прво мораме да запреме со извршувањето на сите дела на телесното, а потоа да ги отфрлиме сите нешта на телесното од нашите срца.

Кога сме во процесот на отфрлање на гревот и злото, ќе можеме да изградиме однос со Бога и да ја добиеме Неговата љубов (1 Јован 1:7, 3:9). Тогаш, нашите лица секогаш ќе ги изразуваат огромната радост и благодарност, ќе можеме да го примиме исцелувањето на сите болести, и да ги примиме решенијата за сите наши проблеми, било да се семејни, на работа, финансиски итн.

Злата и прељубничка генерација која копнее за знак

Во Матеј 12:38-39, можеме да прочитаме дека некои книжници и Фарисеи побарале од Исуса да им покаже некаков знак. Исус тогаш им кажал дека злата и прељубничка генерација копнее да види знак. На пример, постојат некои луѓе кои што кажуваат, "Ако ми Го покажеш Бога, ќе поверувам во Него," или "Ако оживееш некоја мртва личност, веднаш ќе поверувам." Ваквите типови на луѓе не ги кажуваат ваквите нешта поседувајќи невини срца, кои обично бараат да поверуваат. Тие ги кажуваат таквите нешта заради сомнежот којшто е во нив.

Значи, кај луѓето кои што ја поседуваат тенденцијата да не веруваат во вистината, или ја имаат склоноста да ги прогонуваат, или да се сомневаат во оние кои што се подобри од нив, или пак ја имаат желбата да го отфрлат сето она што не се согласува со нивните сопствени размислувања и ставови, сето тоа им доаѓа како резултат на духовната прељубничка природа. Додека одбивале да поверуваат, таквите луѓе барале да им се покажат знаци и правеле големи напори, да создадат ситуација во којашто би можеле да Го фатат Исуса како греши—за да можат да Му забранат да зборува и да Го осудат.

Колку посамоправедни, поарогантни и посебични се луѓето, толку стануваат и попрељубнички, гледано во генерациска смисла. Бидејќи цивилизацијата станува сè понапредна во техниката и науката, како што е случајот денес, сè повеќе луѓе посакуваат да видат знаци и чудеса, кои би ги навеле да поверуваат. Но од друга страна пак, постојат и голем број на луѓе кои ги виделе знаците и чудесата, но сепак не поверувале! Не е чудно што ваквите генерации се прекорени затоа што се зли и прељубнички!

Ако го мразите злото, тогаш никогаш нема да го практикувате злото. Ако се измачкате со измет по телото, ќе можете да го измиете. Но, гревот и злото, коишто ја скапуваат душата и ја водат кон патот на смртта, се уште повалкани, со понепријатна миризба и уште погрозни од изметот.

Кави видови на злото треба да мразиме? Во Матеј, глава 23, Исус ги прекорува книжниците и Фарисеите, кажувајќи им, "Тешко на вас..." Тој ја употребува фразата "Тешко на вас," означувајќи дека нема да го добијат спасението. Ќе ги поделиме причините за тоа на седум категории и ќе ги проучиме малку подетално.

Формите на злото кои треба да ги презираме

1. Затворањето на вратата на Небесата, за другите да не можат да влезат

Во Матеј 23:13, Исус рекол, "Тешко вам, книжници и Фарисеи, лицемери, затоа што го затворате Кралството Небесно пред луѓето; затоа што, ниту вие влегувате, ниту ги пуштате да влезат оние, кои што сакаат да влезат."

Книжниците и Фарисеите ги знаеле и ги запишале зборовите Божји, и делувале како да им се покоруваат на истите. Но срцата им биле закоравени, и го правеле Божјото дело на вештачки начин—па сходно на тоа, тие биле прекорени. Иако ги поседувале сите формалности на светоста, срцата им биле полни со беззаконие и зло. Кога го виделе Исуса како ги изведува чудата, кои не биле возможни со човечка способност, наместо да Го признаат и да се радуваат, тие ги направиле сите видови на тајни планови, за да Му се спротивстават. Тие дури ја посакувале Неговата смрт.

Ова важи и за луѓето денес, исто така. Луѓето кои што тврдат дека веруваат во Исуса Христа, а сепак не го живеат својот живот во согласност со Неговото Слово, спаѓаат во оваа категорија. Ако направите некој да ви каже, "Не сакам да поверувам во Исуса, заради луѓето како тебе," тогаш сте личност која што го затвора Кралството Небесно за луѓето. Не само што вие самите нема да влезете на Небесата; туку и им пречите и на другите да го направат тоа.

Луѓето кои што тврдат дека веруваат во Бога, но продолжуваат да вршат компромис со светот, се оние кои што биле прекорени од страна на Исуса. Ако во црковниот поредок, една личност која што поседува црковна титула и која што ги поучува другите, покаже омраза кон некоја личност, се разгневи или делува понесена од непокорноста, тогаш како новите Христијани ќе можат да ѝ веруваат, или дури и да ја респектираат? Најверојатно ќе се разочараат и дури може и да ја изгубат својата вера. Ако меѓу неверниците постојат некои личности, чии што жени или сопрузи се обидуваат да растат во верата, и ги прогонуваат или ги тераат да делуваат заради злоба, или земаат учество во некакво зло, тогаш и тие исто така ќе го примат прекорот "Тешко на вас".

2. Кога една личност ќе стане преобратена, станува двојно поголема од синот на Пеколот

Во Матеј 23:15, Исус рекол, "Тешко вам, книжници и Фарисеи, лицемери, затоа што обиколувате по море и по копно, за да преобратите некого и да го направите следбеник; а кога ќе успеете во тоа, го правите син на Пеколот, двапати полош од вас."

Постои една стара поговорка, дека снаата која што имала тешкотии од својата свекрва, ќе ѝ создаде уште поголеми тешкотии на својата снаа. Она што една личност ќе го види и доживее, ѝ се вградува во меморијата, па последователно на тоа, таа ќе делува според своето искуство. Затоа, што учите и од кого учите, е нешто многу важно во животот. Ако учите за Христијанството одејќи со луѓето какви што биле книжниците и Фарисеите, тогаш исто како што слепиот кој што води друг слеп, ќе паднете во злото заедно со нив.

На пример, ако еден водач постојано им суди и ги осудува другите, озборувајќи ги и ширејќи негативни нешта за нив, тогаш и верниците кои учат од него, ќе станат извалкани со неговите дела, и заедно со него ќе тргнат по патот на смртта. Во едно општество, ако децата растат во дом каде што родителите постојано им се караат, имаат поголеми шанси да застранат и да тргнат по погрешен пат, од оние деца кои растат во мирни семејни средини.

Затоа, родителите, учителите и другите водачи, мораат самите да бидат пример за другите. Ако нивните зборови и дела не се добар пример, тогаш тие можат да ги сопнат другите на нивниот пат кон вистината. Дури и во црквата постојат случаи каде што некои слуги Божји или водачи, не претставуваат добар пример, па затоа им пречат на оживувањето и растот на другите, во нивните мали групи, оддели или организации. Мораме да знаеме дека, ако сватиме дека правиме вакво нешто, тогаш не само ние самите, туку и другите ги правиме синови на Пеколот.

3. Доставувањето на волјата Божја на погрешен начин, заради алчноста и лагата

Во Матеј 23:16-22, Исус рекол, "Тешко вам, водачи слепи, кои велите, 'Ако некој се заколне во храмот, не е ништо; ако пак се заколне во храмовото злато, обврзан е.' Безумни и слепи! Што е поголемо, златото или храмот кој го осветува златото?

И, 'Ако некој се заколне во жртвеникот, ништо не е, но ако се заколне во дарот што е на него, обврзан е.' Безумни и слепи, што е поважно, дарот или жртвеникот што го осветува дарот? И така, кој ќе се закоколне во жртвеникот, се колне во него и во сѐ што е врз него. И кој се колне во храмот, се колне во него, и во Оној, Кој што пребива во него. И кој се колне во Небесата, се колне и во престолот Божји, и во Оној, Кој што седи на него."

Оваа порака е прекор упатен кон оние кои што лажно поучуваат на волјата Божја, понесени од алчноста и себичноста во своите срца. Ако некоја личност се завети или даде ветување упатено кон Бога, учителите треба да ја поучат дека мора да го испочитува тоа ветување, но тие ги учеле луѓето да не се осврнуваат на тоа, и само да ги одржат ветувањата што ги дале во врска со парите, или материјалните добра. Ако еден свештеник го запостави учењето на луѓето да живеат во вистината, и единствено ја нагласи потребата за дарување, тогаш тој е водач, кој што станал слеп.

Пред било што друго, еден водач мора да ги учи луѓето на покајание за нивните гревови, на култивирањето на праведноста Божја, за потоа да можат да влезат во Кралството Небесно. Давањето завет во храмот, во името на Исуса Христа, на жртвеникот, и во престолот Небесен, претставува една иста работа, па затоа, оној кој што го прави тоа, мора да го испочитува тој завет.

4. Занемарување на сериозните одредби од Законот

Во Матеј 23:23-24, Исус рекол, "Тешко вам, книжници и Фарисеи, лицемери! Вие кои давате десеток од нане, копра и кимин, а го запоставивте најважното во Законот: правдата, милоста и верата; тоа се нештата кои требаше да ги правите, без да ги запоставите другите нешта. Водачи слепи, вие кои комарецот го цедите, а ја проголтувате камилата!"

Личноста која што вистински верува во Бога, секогаш ќе ги

дава соодветните и целосни десетоци. Ако ги даваме целосните десетоци, ги примаме благословите заради тоа; но ако не го правиме тоа, тогаш крадеме од Бога (Малахија 3:8-10). Да, книжниците и Фарисеите ги давале соодветните десетоци; но Исус ги прекорил заради запоставувањето на правдата, милоста и верата. Што значи да се запостави правдата, милоста и верата?

'Правдата' го означува отфрлањето на гревовите, животот според Словото Божјо, и покорноста кон Него со вера. Да се биде 'покорен', согласно со световните стандарди, значи да се покориме и да правиме нешто, што можеме да го направиме. Но, во вистината, да се биде 'покорен' значи да бидеме способни да се покориме, и да ги правиме нештата што ни изгледаат апсолутно невозможни.

Во Библијата можеме да прочитаме дека пророците кои биле признаени од Бога, се покорувале на Неговото Слово, со вера. Тие на пример, го поделиле Црвеното Море, ги срушиле sидините на Ерихон, и го запреле текот на реката Јордан. Ако ги употребиле своите човечки мисли во таквите ситуации, тогаш таквите нешта не би се случиле. Но, кога тоа го направиле со вера, му се покориле на Бога и ги направиле таквите нешта возможни.

'Милоста' значи да си ја исполнувате целосната должност како луѓе, во сите аспекти на својот живот. Постојат основни морални и етички правила во овој свет, на коишто луѓето мораат да се придржуваат, за да останат човечни. Сепак, овие стандарди не се совршени. Ако една личност однадвор изгледа дека е културна и префинета, но во себе и понатаму го поседува злото, не можеме да кажеме дека таа навистина е префинета. За да можеме вистински да го живееме животот што е вреден за живеење, мораме да ја исполниме целосната должност на човекот, а тоа е да им се покориме на Божјите Заповеди (Еклизијаст - Проповедник 12:13).

Исто така, 'верноста' значи да се земе учество во Божествената природа преку верата (2 Петар 1:4). Божјата намера, во создавањето на Небесата и Земјата, и сите нешта коишто се во нив, како и човештвото, била да се здобие со вистински чеда, кои би биле одраз на Неговото срце. Бог ни кажал да бидеме вистинити, како што и Тој Самиот е вистинит, и да бидеме совршени, како што и Тој Самиот е совршен. Не треба да ја поседуваме само појавата на светост. Единствено преку отфрлањето на злото од нашите срца и целосното придржување кон Неговите заповеди, можеме навистина да земеме удел во Божествената природа.

Но, книжниците и Фарисеите од времето на Исуса, ги запоставиле правдата, милоста и верата, и единствено се фокусирале на понудите и жртвите коишто се принесувале. На Бога му е многу помило срцето коешто е во покајание, отколку жртвите понудени со невистинити срца (Псалм 51:16-17). Сепак, тие поучувале на нешта, кои што не биле според волјата Божја. Една личност која што е во позиција да поучува, прво треба да ги посочи гревовите на луѓето, да им помогне да ги понесат добрите плодови одржувајќи го покајанието, и да ги поведе кон мирот со Бога. Потоа треба да ги поучат за важноста на целосните десетоци, за правилата на обожувањето, молитвата итн., кои траба да ги прават сѐ додека не го достигнат целосното спасение.

5. Одржувањето на чиста надворешност, додека внатрешноста останува полна со разбојништво и самозадоволство

Во Матеј 23:25-26, Исус рекол, "Тешко вам, книжници и Фарисеи, лицемери! Затоа што ги чистите чашата и чинијата однадвор, а одвнатре се полни со грабеж и самозадоволство. Слеп Фарисеју, очисти ја прво внатрешноста на чашата и чинијата, за да бидат чисти и однадвор."

Кога ќе погледнете на една чиста кристална чаша, таа ќе

изгледа чиста и многу убава. Но, во зависност од она што ќе го ставите внатре, таа може да сјае уште поубаво, или да стане заматена. Ако ја наполните со валкана вода, тогаш таа може единствено да стане валкана чаша. На истиот начин, иако некои личности однадвор изгледаат дека се личности Божји, ако во срцата свои имаат зло, Бог, Кој што може да го види човечкото срце, ќе може да ја види целата валканост што е во срцата нивни, и да ги смета за валкани.

Истото важи и за односите меѓу луѓето. Без разлика колку чиста, убаво облечена и културна може да изгледа една личност однадвор, ако откриеме дека е полна со омраза, завист, љубомора и други видови на зло, тогаш ќе можеме да ја почувствуваме нејзината нечистотија и срам. Како тогаш Бог, Кој што е Самата правда и вистина, ќе се чувствува кога ќе ги види ваквите личности? Затоа мораме да се огледаме себеси во Словото Божјо, да се покаеме за сиот разврат и алчност, и да се трудиме да го стекнеме чистото срце. Ако делуваме во согласност со Словото Божјо, и продолжиме да ги отфрламе гревовите, тогаш нашите срце ќе станат чисти, па и нашата наворешност, сходно на тоа, природно ќе стане чиста и осветена.

6. Да се биде како варосаните гробници

Во Матеј 23:27-28, Исус рекол, "Тешко вам, книжници и Фарисеи, лицемери! Затоа што личите на варосани гробници, што однадвор изгледаат убаво, а одвнатре се полни со мртовечки коски и секаква нечистотија. Така и вие, однадвор им се покажувате на луѓето како праведни, а одвнатре сте полни со лицемерие и беззаконие."

Без разлика колку и да потрошите пари на разубавување на гробницата, на крајот, што се наоѓа во неа? Телото што се распаѓа, и наскоро ќе се претвори во грст прашина! Затоа варосаните гробници симболично ја претставуваат лицемерноста, која ги разубавува луѓето однадвор, но не и одвнатре. Лицемерите однадвор изгледаат добри, нежни и целосни, ги советуваат и прекоруваат луѓето, но одвнатре се полни со омраза, завист, љубомора, прељуба итн.

Ако се исповедаме дека веруваме во Бога, а ја одржуваме омразата во срцата, осудувајќи ги другите луѓе, тогаш ја гледаме раската во очите на другите, а не ја гледаме гредата во нашите очи. Тоа се смета за лицемерство! Истото може да се примени и кај неверниците, исто така. Ако една личност го поседува срцето коешто е наклонето кон предавството на мажот или жената, кон запоставувањето на децата, или непочитувањето на родителите, а ги критикува другите и се подбива со вистината, тогаш тоа е акт на лицемерие.

7. Сметајќи се себе за праведни

Во Матеј 23:29-33, Исус рекол, "Тешко вам, книжници и Фарисеи, лицемери! Затоа што им градите гробници на пророците и ги украсувате спомениците на праведниците, и велите, 'Да живеевме во дните на татковците наши, немаше да им станеме соучесници во крвта на пророците.' А со тоа сведочите самите против себеси, дека сте синови на оние, кои што ги убиле пророците. Дополнете ја и вие мерката на вината, на татковците ваши. Змии и рожби аспидини, како ќе побегнете од судот за Пеколот?"

Лицемерните книжници и Фарисеите граделе гробници на пророците, и ги украсувале спомениците на праведниците, и велеле, "Да живеевме во дните на татковците наши, немаше да им станеме соучесници во крвта на пророците." Но, оваа исповед не е точна. Не само што тие книжници и Фарисеи не го препознале Исуса, Кој што дошол како Спасителот, туку и Го отфрлиле, за на крајот да Го заковаат на крстот, и да Го убијат. Како тогаш можеле да се нарекуваат поправедни од своите претци?

Исус ги прекорил овие лицемерни водачи, кажувајќи им,

"Дополнете ја и вие мерката на вината, на татковците ваши." Кога една личност греши, ако во себе има и најмалку совест, таа ќе се почувствува виновна и ќе запре со грешењето. Но, постојат некои луѓе, кои што не се одвраќаат од своите зли дела, сé до самиот крај. Токму на тоа мислел Исус, кога рекол "исполнете ја". Тие станале чеда на ѓаволот, рожби аспидини, и делувале со уште повеќе зло.

Слично на тоа, ако една личност ја чуе вистината и почне да ја чувствува грижата на совеста, а сепак се смета за праведна и одбие да се покае, тогаш таа не се разликува од личноста која што ја исполнува мерката на вината, којашто нејзините претци ја имаат извршено. Исус рекол дека, ако ваквите луѓе не се покајат, и не почнат да ги носат добрите плодови одржувајќи го покајанието, тогаш е невозможно да го избегнат судот којшто води во Пеколот.

Затоа мораме да се споредиме себеси со казната што Исус им ја дал на книжниците и Фарисеите, и да видиме дали постои нешто што се однесува и на нас, па бргу да ги отфрлиме таквите нешта. Се надевам дека читателите ќе станат праведни личности, кои што го мразат злото и се приклонуваат до она што е добро, оддавајќи му ја со тоа сета слава на Бога, и радувајќи му се на благословениот живот—онолку колку што срцето им посакува!

Речник и понатамошно објаснување

Што е 'човечката култивација'?

'Култивацијата' претставува процес, каде што земјоделецот го сее семето, се грижи за посевот, и ги бере плодовите на својот труд. За да може да се здобие со вистинските чеда, Бог ги засадил Адама и Ева, тука на овој свет, како први плодови. По падот на Адама, човештвото станало грешно, а по примањето на Исуса Христа, и со помошта од страна на Светиот Дух, луѓето биле во состојба повторно да го вратат вистинскиот лик на Бога, што некогаш го поседувале. Значи, целиот тој процес на создавањето на човекот, надгледувањето на човечката историја, па сè до последниот суд, се нарекува 'човечка култивација'.

Разликата помеѓу 'телото', 'телесното', и 'нештата на телесното'

Вообичаено, кога ќе зборуваме за човечкото тело, ги користиме термините 'тело' и 'телесно' со исто значење. Но, во Библијата, секој од овие зборови има свое специфично духовно значење. Постојат случаи каде што 'телесното' едноставно е употребено за да го означи телото на човекот, но во духовна смисла, тој израз се однесува на оние нешта коишто се распаѓаат, менуваат и во целост се валкани.

Првата личност, Адам, бил жив дух, и во него воопшто немало грев. Но, откако бил искушан од Сатаната да проба од плодот на дрвото за познавањето на доброто и на злото, тој ја доживеал смртта, заради тоа што платата за гревот е смртта (Битие 2:17; Римјаните 6:23). Бог го засеал знаењето за животот, вистината, во самиот човек, уште од создавањето. Обликот или формата на човекот без оваа вистина, којашто истекла од Адама кога тој згрешил, се однесува на терминот 'тело'. А грешната природа во комбинација со телото, се нарекува 'телесно'. Телесното нема видлива форма, туку ја претставува грешната природа, којашто може да се испровоцира и да излезе во секое време.

Почвата на човековото срце

Библијата го категоризира човечкото срце според различните видови на почва во него: крајпатие, камена почва, трновита почва и добра, плодна почва (Марко, глава 4).

Крајпатието ја означува цврстата и бесчувствителна почва на срцето. На неа, дури и да се засее семето на Словото Божјо, не може да дојде до никнење на младите гранчиња, и не може да донесе плодови; па затоа, личностите кои имаат такви срца, не можат да го примат спасението.

Каменитата почва на срцето, ја означува личноста која што го сваќа Словото Божјо во својот ум, но не може да поверува во него, во своето срце. Додека го слуша Словото, таа се заветува дека ќе го примени она што го научила, но кога ќе ја притиснат тешкотиите, таа не може да ја одржи својата вера.

Трновитата почва се однесува на срцето на личноста, која што го слуша, разбира и применува Словото Божјо во својот живот, но не може да ги надвладее искушенијата од овој свет. Таа е поттикната од грижите на овој свет, алчноста и телесните желби, па затоа ја следат испитанијата и неволјите, и таа не е во состојба духовно да напредува.

Добрата, плодна почва на срцето, ја означува личноста кај која што, штом на неа падне Словото Божјо, тоа веднаш носи плодови, 30, 60, 100 пати повеќе, а Божјите благослови и одговори на молитвите веднаш ѝ доаѓаат.

Улогата на Сатаната и на ѓаволот
Сатаната е битие што ја поседува силата на темнината, која ги предизвикува луѓето да прават зли нешта. Тоа нема некоја специфична форма. Тоа постојано го шири своето темно срце, мисли и сила, за да прави зло во воздухот, како што тоа го прават радио брановите. А кога ќе се фати фрекфенцијата на невистината во човечкото срце, тоа ги користи човечките мисли да ја истури својата темна сила во него. Тоа го нарекуваме "примање на делата на Сатаната", или "слушањето на гласот на Сатаната".

Ѓаволот е дел од ангелите, коишто паднале заедно со Луцифера. Тие се облечени во црно, а ги имаат карактеристиките на лицето и на рацете и стапалата, како кај човечка личност или кај ангелот. Тој прима наредби од Сатаната и ја одржува командата и пренесува заповеди на безброј демони, за да им донесат болести на луѓето и да ги натераат да паднат во гревот и злото.

Карактерот на садот и карактерот на срцето
За луѓето се мисли како на 'садови'. Карактерот на садот на една личност зависи од тоа, колку добро го слуша Словото Божјо и го запишува во своето срце, и колку добро го спроведува истото во дело, со верата. Карактерот на садот е во соодност со типот на материјалот од којшто бил направен. Ако една личност има добар карактер на садот, тогаш лесно и бргу ќе може да се освети, и ќе може да ја прикаже духовната сила во поширок опсег. За да може да го култивира добриот карактер на садот, една личност треба добро да го слуша Словото и да го запише во центарот на своето срце. Колку вредно работи на тоа што го има научено, го одредува карактерот на садот, на една личност.

Карактерот на срцето на една личност, зависи од тоа колку широко било употребено нејзиното срце, и од големината на садот. Постојат случаи каде што 1) тоа оди над капацитетот на личноста, 2) само го исполнува капацитетот на личноста, 3) безволно едваш го пополнува минималниот капацитет на личноста, и 4) случајот каде што е подобро личноста воопшто и да не го започнала своето делување, бидејќи се наполнила со злото коешто го извршила. Ако карактерот на срцето на една личност е мал и во недостаток, тогаш таа мора да работи на неговата трансформација во нешто пошироко, поголемо срце.

Праведноста во очите на Бога
Првото ниво на праведноста е да се отфрлат гревовите. На тоа ниво личноста се оправдува со прифаќањето на Исуса Христа, и со примањето на Светиот Дух. Потоа таа вредно работи на откривањето на своите гревови и на молитвата за нивно отфрлање. На Бога Му е угодно кога го гледа таквото дело, и веднаш испраќа одговори на нејзините молитви, и благослови.

Второто ниво на праведноста е запазувањето на Словото. Откако личноста ќе ги отфрли гревовите, ќе биде во можност да се исполни со Словото Божјо, а тоа да пребива во неа. На пример, ако личноста ја чула пораката дека не смее да мрази никого, таа ќе ја отфрли омразата и ќе се бори да ги засака сите луѓе. Тоа е начинот на којшто таа ќе му се покори на Словото Божјо. Тогаш, таа ќе го прими благословот на постојаното здравје, и секоја молитва којашто ќе ја воздигне кон Бога, ќе и биде одговорена.

Третото ниво на праведноста е да Му угодуваме на Бога. На ова ниво, личноста не само што ги отфрла гревовите, туку воедно и постојано делува во согласност со волјата Божја. И тогаш личноста си го посветува својот живот на исполнувањето на нејзиниот повик. Ако една личност успее да го достигне ова ниво, Бог ќе и ја исполни дури и најмалата желба, којашто самошто се зачнала во нејзиното срце.

Во врска со праведноста

"... и за правда, затоа што Си одам кај Отецот Мој, и веќе нема да Ме видите;"

(Јован 16:10)

"Аврам Му поверува на ГОСПОДА; и Тој му го сметаше тоа за праведност." (Битие 15:6)

"Затоа ви велам, ако вашата праведност не ја надмина праведноста на книжниците и Фарисеите, нема да влезете во Кралството Небесно." (Матеј 5:20)

"А сега независно од Законот се јави праведноста Божја, за која сведочат Законот и пророците, и тоа праведноста Божја преку верата во Исуса Христа, за сите кои веруваат; затоа што нема разлика;" (Римјаните 3:21-22)

"...исполнети со плодот на праведноста, којшто доаѓа преку Исуса Христа, за слава и пофалба на Бога." (Филипјаните 1:11)

"... во иднина ми е приготвен венецот на праведноста, со којшто Господ, праведниот Судија, ќе ме награди на оној ден; и не само мене, туку и на сите оние кои го возљубија Неговото појавување." (2 Тимотеј 4:8)

"... и така се исполни Писмото, кое вели, "Авраам Му поверува на Бога, и тоа му се сметаше за правдина," и беше наречен пријател Божји." (Јаков 2:23)

"По тоа се познаваат чедата Божји, и чедата на ѓаволот: секој кој што не ја практикува праведноста, и не го љуби братот свој, не е од Бога." (1 Јован 3:10)

Глава 6

Праведноста којашто води кон живот

"И така, како што преку престапот на еден човек, падна осудата врз сите луѓе, така и преку праведното дело на Еден, дојде оправданието врз сите луѓе, кое носи живот."
(Римјаните 5:18)

Јас Го сретнав Бога по седумгодишната закованост во постела, предизвикана од разни болести. Не само што го примив исцелувањето на сите мои болести преку огнот на Светиот Дух, туку и по покајанието за сите мои гревови, го примив и вечниот живот, којшто ќе ми овозможи вечен живот на Небесата. Бев многу благодарен за Божјата милост, што одвреме навреме почнав да присуствувам на богослужбите во црквата, престанав со пиењето и престанав да им нудам алкохол на пријателите.

Порано постоеја времиња, кога моите роднини ѝ се потсмеваа на црквата. Не можејќи да се воздржам себеси, јас луто им реков, "Зошто зборувате лоши работи за Бога, и се изразувате негативно за црквата и пасторот?" Тогаш, кога бев бебе во Христијанството, си мислев дека моето делување е оправдано. Дури подоцна сватив дека моето делување не било исправно. Праведноста којашто јас ја гледав, го презеде водството во моите дела, пред праведноста, којашто Му е угодна на Бога. Сето тоа резултираше со караници и расправии. Во таквата ситуација, која би била Божјата праведност? Тоа би бил обидот, да се сватат другите личности, со љубов и разбирање. Ако само го земете во обзир фактот дека луѓето делуваат на тој начин, затоа што не ги познаваат Господа и Бога, тогаш воопшто нема да има причина, да им се лутите и да се нервирате. Вистинската праведност значи да се молите за нив со љубов, да се трудите да најдете мудар начин за нивна евангелизација, и да ги поведете кон стануавњето чеда Божји.

Праведноста во Божјите очи

Исход 15:26 гласи, "Ако искрено внимаваш на гласот на ГОСПОДА твојот Бог, и го правиш она што е исправно во очите Негови..." Овој стих ни кажува за фактот дека праведноста во човечките очи, и праведноста во очите на Бога, јасно се разликуваат помеѓу себе.

Во овој свет, преземањето освета, често се смета за праведно делување. Но, Бог ни кажува дека сакањето на сите луѓе, па дури и на нашите непријатели, претставува вистинска праведност. Исто така, светот смета дека е праведно кога некоја личност се труди да исполни нешто, за коешто мисли дека е правилно, дури иако тоа води кон кршењето на мирот со друга личност. Но Бог не го смета за праведно делото на некоја личност, кога таа го крши мирот со другите луѓе, само затоа што тоа се совпаѓа со нејзиното мислење за праведноста.

Во овој свет, без разлика колку зло имате во срцето, како што се омразата, раздорот, зависта, љубомората, гневот и себичноста, сè додека не ги прекршите законите на земјата, и не извршите некаков грев во дело, никој не може да ве нарече неправедни. Но, иако не извршувате никакви гревови во дело, ако во срцето имате зло, Бог ве нарекува неправедна личност. Човечкиот концепт во врска со праведноста и неправедноста варира во зависност од луѓето, местото и генерациите. Затоа, за да можеме да го поставиме вистинскиот стандард за праведноста и неправедноста, мораме да го гледаме стандардот на Бога. Она што Бог го нарекува праведност, е вистинската праведност.

Што Исус направил? Римјаните 5:18 гласи, "И така, како што преку престапот на еден човек, падна осудата врз сите луѓе, така и преку праведното дело на Еден, дојде оправданието врз сите луѓе, кое носи живот." Тука, "престапот на еден човек" се однесува на гревот на Адама, таткото на човештвото, а "преведното дело на Еден" се однесува на покорноста на Исуса, Синот Божји. Тој го исполнил праведното дело на водењето на луѓето кон животот. Ајде малку подетално да простудираме што е таа праведност, која ги води луѓето кон животот.

Делото на праведноста коешто го спасило целото човештво

Во Битие 2:7, можеме да прочитаме дека Бог го создал првиот човек, Адам, според Својот лик. Тој му вдишал живот во ноздрите, и го направил жив дух. Исто како и кај новороденчето, во неговиот ум немало никаков запис. Тој бил табула раса. Исто како што едно бебенце расте и почнува да ги натрупува и користи знаењата коишто ги добива од гледањето и слушањето, исто така и Адам бил поучуван од Бога, во врска со хармонијата на целиот универзум, законите на духовниот свет, и Словото на вистината.

Бог го поучил Адама на сето што му било неопходно за да го живее животот како господар на сите созданија. Единствено нешто што Бог му забранил, било едно нешто. Адам можел слободно да јаде од плодовите на сите дрва во Градината Еденска, освен од плодовите на едно дрво, на дрвото на познавањето на доброто и на злото. Бог му пренел строго предупредување, дека на денот кога ќе го стори тоа, тој сигурно ќе умре (Битие 2:16-17).

Сепак, по долг временски период, тој не успеал да ги испочитува овие зборови, и потпаднал под искушението од страна на змијата, па пробал од забранетиот плод. Како резултат на сето тоа, прекинала комуникацијата којашто ја имал со Бога, и како што Бог му кажал, "Сигурно ќе умреш," Адамовиот дух, којшто бил жив, умрел. Поради непочитувањето на Словото Божјо, и наместо тоа слушањето на зборовите на непријателот ѓаволот, тој станал чедо на ѓаволот.

1 Јован 3:8 гласи, "Оној кој што вреши грев, од ѓаволот е; затоа што ѓаволот греши уште од почетокот." А Јован 8:44, "Вие потекнувате од таткото ваш, ѓаволот, и сакате да ги исполнувате желбите на вашиот отец. Тој беше убиец уште од почетокот, и не остана во вистината, затоа што во него воопшто нема вистина. Кога зборува лаги, зборува од својата сопствена природа, затоа што е лажливец и татко на лагите."

Ако Адам е оној кој што извршил непокор и згрешил, тогаш зошто сите негови потомци се исто така грешници? Едно дете наликува на своите родители, особено во својот изглед. Карактерот и начинот на којшто зборува, наликува на неговите родители исто така. Тоа се должи на фактот што детето го наследува она, што е познато како родителско "чи", или "дух", или "животна сила", и како што се пренесува животната сила на детето, така се пренесува и грешната природа од родителите (Псалми 51:5). Едно новороденче не било научено од никого како да плаче и да негодува, но сепак го прави тоа. Тоа е резултат на грешната природа што е содржана во животната сила, која се пренесува од генерација на генерација, од колено на колено, уште од Адама.

Како дополнение на изворниот грев, што луѓето го наследуваат, тој исто извршува и свои сопствени гревови, па затоа срцето сѐ повеќе му се валка со дамките на греховите. Тогаш тој тоа го пренесува на своите деца. Како што поминува времето, светот станува преплавен со греховите. Како тогаш еден човек, кој што станал чедо на ѓаволот, може да си го поврати односот којшто го имал со Бога? Бог знаел, уште од самиот почеток, дека човекот ќе изврши грев. Затоа ја подготвил Својата промисла за спасението, и ја оставил скриена. Спасението на човештвото преку Исуса Христа, била тајната која била скриена уште од пред почетокот на времето. Па така Исус Христос, Кој што Самиот бил безгрешен и без ниедна дамка на вина, го презел на Себе проклетството и бил обесен на крстот, за да може да го отвори патот на спасението за човештвото, кое било осудено да умре. Преку овој чин на праведноста на Исуса Христа, голем број на луѓе, кои некогаш биле грешници, биле ослободени од смртта и се здобиле со животот.

Почетокот на праведноста е верувањето во Бога

"Праведност" значи да се живее во согласност со доблестите или моралноста. Но, "праведноста" според Бога, значи да се покаже покорност со верата, заради стравопочитта кон Него, отфрлајќи го гревот и запазувајќи ги Неговите заповеди (Еклизијаст - Проповедник 12:13). Над сè друго, Библијата го нарекува самиот чин на неверување во Бога, како голем грев (Јован 16:9). Затоа, едноставниот чин на верување во Бога, претставува чин на праведност, и е првиот услов што човекот треба да го поседува, за да може да стане праведна личност.

Како можеме да наречеме една личност праведна, кога таа ги запоставува и предава своите родители, кои што ја родиле? Луѓето ќе покажуваат со прст кон неа, и ќе ја нарекуваат грешник, кој што е нечовечен. Слично на тоа, ако една личност не сака да поверува во Богот Создателот, Кој што нѐ создал, ако не сака да Го нарече наш Отец, и како капак на сето тоа, уште и му служи на непријателот ѓаволот—кого Бог највеќе го мрази—

тогаш тоа претставува смртен грев.

Затоа, за да можеме да станеме праведна личност, како прво и најважно, мораме да веруваме во Бога. Исто како што Исус ја имал целосната вера во Бога, и го запазувал секое Негово Слово, и ние мораме да ја имаме таквата вера и да го запазуваме Неговото Слово. Да се има вера во Бога, значи да се верува во фактот дека Бог е Господ на сето создание, Кој што го создал целиот универзум и нас самите, и Кој што ја има целосната контрола над животот и смртта на човештвото. Тоа воедно значи и верување во фактот дека Бог е самопостоечки, дека е првиот и последниот, почетокот и крајот. Тоа значи да се верува дека Тој е последниот Судија, Кој што ги приготвил Небесата и Пеколот за нас, и Кој што ќе ѝ суди на секоја личност, според Неговата правда. Бог Го испратил Својот Единороден Син, Исус Христос, на овој свет, за да го отвори патот на спасението за нас. Затоа верувањето во Исуса Христа и примањето спасение, претставува, во основа, верување во Бога.

Постои едно нешто, што Бог го бара од сите Свои чеда, кои поминуваат низ вратата на спасението. Денес во светот, граѓаните на една земја, мораат да се придржуваат до законите на таа држава. На истиот тој начин, ако сте станале граѓанин на Небесата, морате да се придржувате до законите на Небесата, кои се всушност Словото Божјо, коешто е Вистината. На пример, бидејќи во Исход 20:8 се кажува, "Спомнувај си за денот за одмор, Сабат, за да ја зачуваш светоста негова," и вие треба да му се покорите на законот Божји, и да го поставите како врвен приоритет запазувањето на светоста на Сабатот, и да не вршите компромис со светот. Мораме да го направиме тоа, бидејќи Бог ја смета ваквата вера и покорност за праведност.

Преку Исуса Христа, Бог не просветува за законот на праведноста, којшто нѐ води кон животот. Ако се придржуваме до овој закон, ќе станеме праведни, па затоа ќе можеме да одиме на Небесата, и ќе можеме да ја примаме љубовта Божја и

Неговите благослови.

Праведноста на Исуса Христа која мораме да ја имитираме

Дури и Исус, Кој што е Синот Божји, ја исполнувал праведноста преку целосното придржување до Законите Божји. Над сѐ друго, додека бил тука на земјата, Тој не покажал ниту трага од зло. Поради тоа што бил зачнат од Светиот Дух, Тој во Себе го немал изворниот грев. Па, затоа што воопшто немал мисли или било што поврзано со злото, Тој исто така и не извршил зло.

Повеќето од времето, луѓето покажуваат зли дела, затоа што во себе ги носат мислите на беззаконието. Една личност, која што во себе ја негува алчноста, прво што ќе помисли е ова, "Како можам да се збогатам? Како можам да ѝ го земам имотот на таа личност, и да го направам мој?" Тогаш личноста ја засадува оваа мисла во своето срце, а кога срцето ќе ѝ се вознемири, многу е веројатно дека ќе преземе зли дејства. Поради алчноста што ја има во срцето, таа ќе биде искушувана од страна на Сатаната, преку мислите; и кога ќе го прифати ваквото искушение, на крајот ќе заврши со преземање дејства како што се измамата, проневерата и крадењето.

Јов 15:35 гласи, "Кои зачнуваат зло и раѓаат беззаконие, а во умот свој подготвуваат измама." Во Битие 6:5 е кажано дека пред Божјиот Суд којшто се спуштил врз светот во вид на голема поплава, човечкото зло било навистина големо на лицето на земјата, а секоја намера која произлегувала од мислите на човекот, била постојано зла и грешна. Поради тоа што срцето е исполнето со зло, умот исто така е злобен. Сепак, ако не постои зло во срцето на една личност, Сатаната не може да делува низ нејзините мисли, и да се обидува да ја искушува. Исто како што е кажано дека нештата кои се кажуваат со устата, произлегуваат од срцето (Матеј 15:18), ако срцето не е исполнето со зло, тогаш не постои начин злите мисли или дела, да произлезат од него.

Исус, Кој што во Себе го немал ниту изворниот грев, ниту самоизврешените гревови, Го поседувал срцето коешто самото било свето. Затоа сите Негови дела биле секогаш само добри и праведни. Поради праведноста на Неговото срце, Тој секогаш имал само праведни мисли, и презeмал само праведни дела. За да можеме да станеме праведни личности, мораме да ги штитиме своите мисли преку отфрлањето на злото од своите срца, па тогаш нашите дела исто така ќе бидат здрави и исправни.

Ако се покориме и го правиме токму она, што Библијата ни кажува да го правиме, "Правете, не правете, запазете, и отфрлете", тогаш срцето на Бога, или вистината, ќе пребиваат во нашите срца, и ние нема да правиме гревови преку нашите мисли. Тогаш нашите срца воедно ќе станат и здрави, примајќи го водството и насоките од страна на Светиот Дух. Бог ни кажува 'запазете ја светоста на Неделите', па затоа ја одржуваме таа светост. Тој ни кажува, 'молете се, сакајте се и ширете го Евангелието', па затоа се молиме, се сакаме и го шириме Евангелието. Тој ни кажува да не крадеме, ниту да вршиме прељуба, па затоа ние не ги правиме таквите нешта.

Бидејќи Тој ни кажал да ги отфрлиме сите форми на зло, ние постојано се трудиме да ги отфрлиме невистините, како што се, љубомората, зависта, омразата, прељубата, измамата итн. Ако се придржуваме до Словото Божјо, тогаш невистините од нашите срца ќе исчезнат и во нив ќе остане само вистината. Ако ги искорнеме горките корења на гревот од нашите срца, тогаш гревот нема да може повеќе да влегува во нас, преку нашите мисли. Затоа, што и да гледаме, треба да го гледаме низ добрината, а што и да кажеме и направиме, треба да го кажеме и да го направиме поведени од добрината, којашто ќе истекува од нашите срца.

Поговорки 4:23 гласи, "А над сè друго, вредно чувај го

срцето свое, затоа што животот извира од него." Праведноста којашто води кон животот, или е извор на животот, произлегува од нашето зачувување на своите срца. За да можеме да се здобиеме со живот, мораме да ја запазиме праведноста, имено вистината, во своите срца, и да пребиваме во неа. Затоа е многу важно една личност да си ги заштити своето срце и ум.

Но, поради фактот што во нашите срца пребива многу зло, не можеме да ги отфрлиме сите зла од нас, само со помош на своите сили. Како дополнение на нашите напори во отфрлањето на гревот, потребна ни е и силата на Светиот Дух. Затоа мораме да ги кажуваме молитвите. Кога ревносно се молиме, врз нас се спуштаат Божјата милост и сила, и ние се исполнуваме со Светиот Дух. Дури тогаш ќе бидеме во можност да ги отфрлиме сите гревови од нашите срца!

Јаков 3:17 гласи, "А мудроста којашто доаѓа одозгора е чиста..." Тоа значи дека, штом ги отфрламе гревовите од своите срца и се фокусираме себеси единствено на праведноста, тогаш мудроста одозгора ќе се спушти врз нас. Колку и да е голема мудроста од овој свет, таа никогаш не може да се спореди со мудроста што доаѓа одозгора. Мудроста од овој свет произлегува од човекот, кој што е ограничен и не може да предвиди ниту секунда од она што ќе се случи во иднина. Сепак, мудроста што доаѓа одозгора е испратена од Семоќниот Бог, па така со нејзина помош можеме да дознаеме за нештата коишто треба да се случат во иднина, и да се подготвиме себеси за нив.

Во Лука 2:40 се кажува дека Исус израснал и станал силен, зголемувајќи ја својата мудрост. Тоа е запишано во времето кога Тој бил на дванаесет годишна возраст. Тој бил толку мудар, што дури и Рабините, кои што поседувале целосно знаење на Законот, покажувале стравопочитување кон Неговата мудрост. Поради фактот што Исусовиот ум бил фокусиран единствено на праведноста, Тој ја примал мудроста одозгора.

1 Петар 2:22-23 гласи, "...Тој [Христос] не направи грев, ниту пак се најде измама во устата Негова; кога беше навредуван, на навредата не возвраќаше со навреда..." Преку овој стих, можеме да го видиме срцето на Исуса. Исто и во Јован 4:34, кога учениците донеле храна, Исус им рекол, "Храната Моја е да ја исполнам волјата на Оној, Кој што Ме испрати, и да го извршам делото Негово." Поради тоа што Исусовото срце и ум единствено се фокусирале на праведноста, сите Негови дела секогаш биле здрави и разумни.

Исус не бил само верен во правењето на Божјата работа; туку бил верен и во "сиот Божји дом." Дури и кога умирал на крстот, Тој му ја доверил Девицата Марија на Јована, за да се осигура дека ќе се грижат за неа. Па така, Исус во целост ги исполни Своите задолженија како личност, додека го проповедал Евангелието за Кралството Небесно, и ги лекувал болните со помош на силата Божја. Тој целосно ја исполнил Својата мисија, заради која бил испратен на овој свет, замајќи го крстот заради откупот на гревовите и слабостите на човештвото. Така Тој станал Спасител на човештвото, Крал на кралевите, и Господар на господарите.

Начинот да се стане праведна личност

Што тогаш, ние како чеда Божји треба да правиме? Треба да станеме праведни луѓе, одржувајќи го Законот Божји преку нашите дела. Бидејќи Исус станал врвен модел за сите нас, со тоа што ги запазил и практикувал сите закони Божји, и ние самите треба да го правиме истото, и да го следиме Неговиот пример.

Да се практикуваат законите Божји, значи да се запазуваат Неговите Заповеди и да се биде без грешка, во поглед на Неговите одредби. Десетте Заповеди се главнот пример за Божјите заповеди. Заповедите можат да се научат затоа што се содржани во целост, во 66-те книги од Библијата. Секоја од Десетте Заповеди во себе содржи длабоко духовно значење.

Кога ќе го сватиме вистинското значење на секоја од нив, и ќе се придржуваме до него, тогаш Бог може да нѐ нарече праведни.

Исус ни кажал која е најголемата и најбитната заповед. Тоа е да Го сакаме Бога со сето свое срце, ум и душа. А втората е да ги сакаме своите ближни онака, како што самите себеси се сакаме (Матеј 22:37-39).

Исус ги запазувал и практикувал сите заповеди. Тој никогаш не се карал, ниту викал. Постојано се молел, било во утрата, или преку ноќта. Тој ги запазил сите Божји одредби, исто така. 'Одредби' се однесува на правилата што Бог ги имал поставено за нас, како што било запазувањето на Пасхата, или давањето десеток на црквата. Постојат записи за тоа како Исус оди во Ерусалим, за да ја испочитува Пасхата, исто како што сите други Евреи го превеле тоа.

Христијаните, кои што се духовни Евреи, продолжуваат со запазувањето на духовното значење на Еврејските ритуали. Тие си ги обрежуваат своите срца на истиот начин, на којшто луѓето од Старозаветните времиња физички се обрежувале себеси. Тие го покажуваат обожувањето во духот и вистината низ богослужбите, одржувајќи го духовното значење на нудењето жртви на Бога, кое се одвивало во Старозаветните времиња. Ако им се покориме на сите закони Божји и почнеме да ги практикуваме истите, тогаш можеме да го примиме вистинскиот живот и да станеме праведни личности. Господ ја надминал смртта и воскреснал; затоа и ние самите можеме да уживаме во вечниот живот, единствено преку истапувањето кон воскреснувањето во праведноста.

Благословите за праведните

Судири, непријателство и болести можат да се случат, поради тоа што луѓето не се праведни. Беззаконието произлегува од тоа што луѓето не се праведни, а по него следат болката и страдањето. Тоа е резултат на тоа што, луѓето го примаат делото на ѓаволот, таткото на гревот. Кога не би постоеле беззаконието и неправедноста, не би постоеле ниту катастрофите, страдањата, тешкотиите, а овој свет би бил навистина прекрасно место. Понатаму, ако станете праведна личност во очите Божји, тогаш ќе ги примате благословите од Него, и можете да станете навистина извонредна и благословена личност.

Второзаконие 28:1-6 во детали ни кажува за тоа: "Ако навистина вредно го послушаш гласот на ГОСПОДА, твојот Бог, запазувајќи ги сите Заповеди Негови, коишто денес ти ги давам, ГОСПОД, твојот Бог, ќе те возвиши над сите народи на земјата. Сите овие благослови ќе се спуштат врз тебе, ако го слушаш гласот на ГОСПОДА, твојот Бог: Благословен ќе бидеш во градот, и благословен ќе бидеш во полето. Благословен ќе биде плодот на утробата твоја, и благословен ќе биде плодот на земјата твоја, и рожбите на говедата твои, и на стадата твои. Благословени ќе бидат кошниците твои, и благословени ќе бидат ноќвите твои. Благословен ќе бидеш кога ќе влегуваш, и благословен кога ќе излегуваш."

Исто така и во Исход 15:26 Бог ветил дека, ако го правиме она што е исправно во Неговите очи, Тој нема да ги испрати врз нас болестите, што им ги испратил на Египјаните. Затоа, ако го правиме она што е праведно во очите на Бога, секогаш ќе бидеме здрави. Ќе можеме да напредуваме во сите области од нашите животи, и да ги доживееме вечната радост и многубројните благослови.

До сега разгледувавме што е праведно во очите на Бога. Па сега, делувајќи без грешка и во согласност со законите и одредбите Божји, и живеејќи го својот живот во праведноста којашто му е благоугодна на Бога, се надевам дека и вие, во целосна мерка ќе ја доживеете љубовта Божја, и Неговите благослови!

Речник

Верата и праведноста

Постојат два вида на вера: 'духовна вера' и 'телесна вера'. Имањето 'телесна вера' значи само да бидеме способни да веруваме во нештата што коинцидираат со нашето знаење и размислување. Ваквиот вид на вера, е вера без дела; па затоа е мртва вера, којашто Бог не ја признава. Додека имањето 'духовна вера' значи да бидеме способни да веруваме во сето што доаѓа од Словото на Бога, иако можеби не коинцидира со нашето знаење или размислувања. Со таквиот вид на вера, една личност може да делува во согласност со Словото Божјо.

Една личност може да ја поседува ваквата вера, единствено ако Бог му ја подари, па затоа секоја личност поседува различна мерка на верата (Римјаните 12:3). Воглавно, верата може да се категоризира на пет различни нивоа: во првото ниво, една личност ја поседува верата да го прими спасението, во второто ниво се обидува да делува во согласност со Словото Божјо, додека во третото ниво, личноста е во состојба во целост да делува согласно со Словото, во четвртото ниво пак, личноста може да се освети себеси, преку отфрлањето на гревовите, и Го сака Господа со сето свое срце, а во петото ниво, личноста ја поседува верата, да Му ја подари целосната радост на Бога.

'Праведноста' се однесува на личностите кои што се праведни.

Кога го прифаќаме Исуса Христа и го примаме проштевањето на своите гревови, преку Неговата скапоцена крв, тогаш сме оправдани. Тоа значи дека сме оправдани преку својата вера. Кога ги отфрламе злото—или невистините—од своите срца, трудејќи се да делуваме во вистината, во согласност со Словото Божјо, тогаш можеме да се трансформираме себеси во вистински праведни луѓе, кои ќе бидат признаени од страна на Бога како праведни. На Бога Му е многу благоугодно и е многу радосен, кога ги гледа ваквите праведни луѓе, и им одговара на секоја нивна молитва (Јаков 5:16).

Глава 7

Праведните ќе живеат според верата

> *"Бидејќи во него се открива правдата Божја, од верата во вера; како што е напишано, 'Праведникот преку верата ќе живее.'"*
> *(Римјаните 1:17)*

Кога некој почесто прави добри дела за сирачиња, вдовици или ближните свои кои се во неволја, луѓето тогаш таквата личност ќе ја наречат праведна. Ако некоја личност изгледа нежна и љубезна, ако се придржува до законот, лесно не се вознемирува, ако е тивка во своето трпение, тогаш луѓето ѝ оддаваат почит, кажувајќи, "За таквата личност дури и не се потребни правила." Дали ова навистина значи дека таквата личност навистина е праведна?

Осија 14:9 гласи, "Кој е мудар нека ги свати овие нешта, а разумниот нека ги осознае. Затоа што патиштата ГОСПОДОВИ се прави, праведниците одат по нив, а беззаконците се сопнуваат од нив." Тоа значи дека личностите кои што се придржуваат до законите Божји, се вистинските праведни личности.

Во Лука 1:5-6 е кажано, "Во деновите на Ирод, кралот

Јудејски, живееше еден свештеник по име Захарија, од родот Авијанов; а жена му беше од ќерките Аронови, и се викаше Елисавета. И двајцата беа праведни во очите на Бога, беспрекорно постапувајќи според сите заповеди и одредби Господови." Тоа значи дека една личност може да се смета за праведна само тогаш, кога ги практикува законите Божји, имено сите заповеди и одредби на Господа.

Да се стане вистински праведна личност

Без разлика колку една личност се обидува да биде праведна, никој не е праведен, бидејќи секој во себе го носи изворниот грев, којшто се пренесува од претците, и самоизвршените гревови, или со други зборови наречени, актуелни гревови. Римјаните 3:10 гласи, "Нема праведен, ниту еден." Единствениот и еден праведен човек, е Исус Христос.

Исус, Кој што во Себе немал ниту изворен, ниту самоизвршен грев, ја пролеал Својата крв и умрел на крстот, за да ја плати казната за нашите гревови, и воскреснал од мртвите, и станал наш Спасител. Во моментот кога ќе поверуваме во Исуса Христа, Кој што е патот, вистината, и животот, во тој момент нашите гревови се измиени, и ние добиваме оправдание. Сепак, самиот факт дека сме биле оправдани со нашата вера, не значи дека сме ја завршиле работата. Да, кога ќе поверуваме во Исуса Христа, ни се простуваат гревовите и добиваме оправдание; сепак, сеуште во себе ја носиме грешната природа, во длабочината на нашите срца.

Затоа во Римјаните 2:13 е запишано, "Бидејќи пред Бога нема да се сметаат за праведни оние кои што го слушаат Законот, туку ќе се сметаат за праведни само оние, кои што постапуваат според Законот." Тоа значи дека, иако сме оправдани со верата, да станеме вистински праведни личности, можеме единствено кога ќе си ги смениме срцата на невистината во срца на вистината, делувајќи во согласност со Словото Божјо.

Во Старозаветните времиња, пред доаѓањето на Светиот Дух, луѓето не можеле целосно да ги отфрлат своите гревови, само со својата сила. Па така, ако не грешеле во своите дела, тие не биле сметани за грешници. Тоа било времето на Законот, кога на луѓето им било наплакано 'око за око, и заб за заб'. Сепак, она што Бог го посакува, е обрежувањето на нашите срца—отфрлањето на невистината, или грешните природи на срцето, и практикувањето на љубовта и милоста. Па така, за разлика од Старозаветните времиња, луѓето од Новозаветните времиња, кои што го имаат прифатено Исуса Христа, го добиваат Светиот Дух како подарок, и со Негова помош, тие ја добиваат силата да ги отфрлат грешните природи од своите срца. Луѓето не можат да го отфрлат гревот и да станат праведни, само со својата сопствена сила. Затоа Светиот Дух се спуштил на Земјата.

Затоа, за да можеме да станеме вистински праведни личности, потребна ни е помошта од Светиот Дух. Кога извикуваме кон Бога во нашите молитви, сакајќи да станеме праведни, Бог ни ја дава благодетта и силата, а Светиот Дух ни помага. На тој начин можеме дефинитивно да го надвладееме гревот, да ги извлечеме корените на грешните природи од нашите срца! Како што ги отфрламе нашите гревови, стануваjќи осветени, и ја достигнуваме целосната мерка на вератa, со помошта на Светиот Дух, така ја добиваме и љубовта од Бога, и стануваме вистински праведни личности.

Зошто треба да станеме праведни?

Можеби ќе прашате, "Дали навистина морам да станам праведна личност? Можам ли само да верувам во Исуса до некое одредено ниво, и да си живеам нормален живот?" Но Бог рекол во Откровение 3:15-16, "Ги знам делата твои, дека не си ниту студен, ниту врел; посакувам да беше или студен, или врел. Па така, бидејќи си млак, и не си ниту врел, ниту студен, ќе те избљуам од устата Своја."

На Бога не му е угодна 'просечната вера'. Млаката вера е опасна вера, бидејќи е навистина тешко да се одржи ваквата вера подолг временски период. На крајот, ваквиот вид на вера станува студена. Исто е како и со топлата вода. Ако ја оставите малку, на крајот ќе остине и ќе стане студена. Бог ни кажува дека ќе ги изблуе од устата Своја, верниците што ја поседуваат ваквата вера. Тоа значи дека луѓето со ваквиот вид вера, не можат да добијат спасение.

Па тогаш, зошто мораме да бидеме праведни? Како што е запишано во Римјаните 6:23, "Затоа што платата за гревот е смртта", грешникот му припаѓа на непријателот ѓаволот, и чекори по патот на смртта. Затоа грешникот треба да се одврати од гревот и да стане праведна личност. Само тогаш грешникот ќе може да се ослободи од испитанијата, страдањата и болестите, што ѓаволот му ги носи. Бидејќи човекот живее на овој свет, многу е веројатно дека ќе ги доживее сите видови на тешки и тажни ситуации, како што се болестите, несреќите и смртта. Но сепак, ако една личност стане праведна, тогаш таа нема да има ништо со ваквите нешта.

Затоа мораме да внимаваме на Словото Божјо и да ги запазиме сите Заповеди Негови. Ако живееме праведно, ќе можеме да ги примиме сите благослови, коишто ни се опишани во Второзаконие, глава 28. Како што нашите души ќе напредуваат, ќе доживееме напредок и во сите други аспекти, и ќе бидеме здрави и среќни.

Но сè додека не станете праведна личност, која што е способна да ги прима сите благослови, тешкотиите постојано ќе ве следат. На пример, за да можат да освојат златен медал на Олимписките Игри, атлетите поминуваат низ ригорозен тренинг. Па така, слично на тоа, малку по малку, Бог дозволува Неговите сакани чеда да поминуваат низ одредени неволји и испитанија, во рамките на нивните можности, согласно со мерката на нивната вера, за да можат душите постојано да им напредуваат.

Бог му кажал на Авраама, да го остави татковиот дом и

му рекол, "Чекори по патот Мој, и биди непорочен" (Битие 17:1). Тој го поучувал и го повел да стане вистински праведна личност. На крајот, откако Авраам го поминал последиот тест, кога требало да го жртвува својот еден, и единствен син, Исак, како жртва сепаленица на Бога, испитанијата завршиле. По тоа, Авраам бил секогаш благословен и сè секогаш добро му одело во животот.

Бог нè поучува и тренира, за да можеме да ја зголемиме нашата вера и да станеме праведни личности. Кога некоја личност поминува низ испитание, Бог ја благословува, и ја води кон поголемата вера. Низ овој процес, постојано го култивираме срцето како на Господа.

Славата којашто ќе ја добиеме на Небесата варира во зависност од тоа, колку многу гревови сме успеале да отфрлиме, и колку нашето срце наликува на срцето на Господа. Како што е запишано во 1 Коринтјани 15: 41, "Друг е сјајот на сонцето, а друг на месечината, и друг е сјајот на ѕвездите; затоа што ѕвездите по сјајот се разликуваат," магнитудата на славата што ќе ја добиеме на Небесата, зависи од тоа колку праведни ќе станеме во овој свет.

Чедата Божји кои што Бог посакува да ги добие, се оние кои што ги поседуваат вистинските квалификации на Неговите чеда—всушност оние кои што го поседуваат срцето како кај Господа. Ваквите личности ќе влезат во Новиот Ерусалим, каде што се наоѓа престолот на Бога, и ќе пребиваат во местото на славата, што сјае со светлината на сонцето.

Праведните треба да живеат според верата

Па тогаш, како би требало да ги живееме своите животи, за да станеме праведни личности? Треба да живееме според верата, онака како што е запишано во Римјаните 1:17, "Праведникот преку верата ќе живее." Можеме да ја поделиме верата во две главни категории: телесна вера и духовна вера. Телесната вера е верата којашто се базира на знаењето, или верата којашто се базира на резонирањето.

Кога една личност се раѓа и расте, сите нешта коишто ги гледа, слуша и учи од своите родители, учители, блиски и пријатели, се складираат како знаење во нејзиниот мемориски уред, во мозокот. Ако личноста верува само кога нештата коинцидираат со знаењето коешто веќе го има, тогаш тоа се нарекува телесна вера. Луѓето кои што ја поседуваат ваквата вера, веруваат дека нешто може да настане од нешто што веќе постои, но не можат да поверуваат или да го прифатат создавањето на нешто од ништо.

На пример, тие не можат да поверуваат дека Бог ги создал Небесата и Земјата, само со Своето Слово. Не можат да поверуваат во случајот кога Исус ја замолкнал бурата со прекорување на ветрот, и со заповедта упатена до морето, "Замолкни" (Марко 4:39). Бог ја отворил устата на ослето и направил тоа да зборува. Тој му дозволил на Мојсеја да го раздвои Црвеното Море со својот стап. Тој дури направил масивните ѕидини на Ерихон да се срушат, откако Израелците марширале околу нив и извикувале. Ваквите настани немаат никаква смисла, ако на нив се гледа со знаењето и размислувањето на обичната личност.

Како е можно морето да се раздвои, само затоа што некоја личност го подигнала својот стап кон него? Но, ако Бог—за Кого ништо не е невозможно—сака тоа да се случи, тогаш тоа ќе се случи! Личноста која што се исповеда дека верува во Бога, а сепак не ја поседува духовната вера, нема да може да поверува дека ваквите настани навистина се случиле. Па така личноста која што ја има телесната вера, не ја поседува верата да верува, па природно, не може ниту да Му се покори на Словото Божјо. Затоа тие не можат да ги добијат одговорите на своите молитви, и не можат да го добијат спасението. Тоа е причината поради која нивната вера е наречена 'мртва вера'.

Од друга страна пак, духовната вера—верата да се поверува во создавањето на нешто од ништо—се нарекува 'жива вера'. Оние кои што ја поседуваат ваквата вера, ќе можат да ги скршат своите телесни мисли, и нема да се обидуваат да ги сватат настаните или случките, базирајќи се само на своето знаење и мисли. Оние личности кои што ја имаат духовната вера, ја поседуваат верата да ги прифатат сите нешта од Библијата, онакви какви што се. Духовната вера е верата да се верува во невозможното. Поради тоа што таа го води човекот кон спасението, се нарекува 'жива вера'. Ако сакате да станете праведни, мора да ја поседувате ваквата вера, духовната вера.

Како да се поседува духовната вера

За да можеме да ја поседуваме духовната вера, прво што мораме да направиме е, да се осободиме од сите расислувања и теории во нашите умови, кои што нé оддалечуваат од добивањето духовна вера. Како што е запишано во 2 Коринтјаните 10:5, мораме да ги уништиме сите шпекулации и сите возвишени нешта коишто стојат против знаењето на Бога, па затоа мораме да ја заробиме секоја мисла заради покорноста кон Христа.

Знаењето, теориите, интелегенцијата и вредностите што една личност ги научува од своето раѓање, не се секогаш вистинити. Единствено Словото Божјо е апсолутната и постојана вистина. Ако инсистираме на тоа дека нашето ограничено човечко знаење и нашите теории се вистинити, тогаш нема начин да го прифатиме Словото Божјо како вистина. Тоа значи дека нема да бидеме во можност да се здобиеме со духовна вера. Затоа е многу важно, прво и најбитно, да го скршиме ваквото размислување.

Исто така, за да можеме да ја поседуваме духовната вера, мораме вредно да го слушаме Словото Божјо. Римјаните 10:17 ни кажува дека верата доаѓа од слушањето; затоа мораме да го слушаме Словото Божјо. Ако не го слушаме Словото Божјо, нема да можеме да знаеме што е вистината—па затоа духовната вера нема да може да се всади во нас. Како што ги слушаме зборовите на Бога, или сведоштвата на другите луѓе, за време на богослужбите и другите црковни состаноци, верата во нас изникнува и расте, иако можеби во почетокот таа ќе биде само вера на знаењето.

Потоа, за да можеме да ја трансформираме ваквата на знаење базирана вера во духовна вера, мораме постојано да го практикуваме Словото Божјо, што сме го слушнале. Како што е запишано во Јаков 2:22, верата делува со работата на човекот, и како резултат на работата, се усовршува.

Една личност која што го сака бејзболот, не може да стане познат бејзбол играч, само со читањето на голем број книги во врска со бејзболот. Ако собере доста знаење за тоа, сепак ќе мора да помине низ ригорозен тренинг, согласно со знаењето што го има стекнато, за да ја постигне целта, да стане познат бејзбол играч. На истиот начин, без разлика колку и да ја читаме Библијата, ако нашите дела не го следат она што го читаме, тогаш таа ќе остане само вера базирана на знаењето, и нема да бидеме во можност да ја поседуваме духовната вера. Кога ќе го ставите она што ќе го чуете во дело, тогаш Бог може да ви ја даде духовната вера—верата вистински да поверувате, од дното на своето срце.

Па тогаш, ако некоја личност вистински верува од дното на своето срце во Словото Божјо, што кажува, "Секогаш радувајте се; молете се постојано; и во сè оддавајте ја својата благодарност", какви активности би требало да преземе? Се разбира, таа ќе се радува во некои радосни случаи. Но, ќе се радува и кога ќе ѝ се случат некои тешкотии во животот. Со радост во срцето, таа ќе стави сè во рацете на Бога. Без разлика колку и да е зафатена, секогаш ќе најде време за молитва. И без разлика на ситуацијата, таа секогаш ќе ја оддава благодарноста, ќе верува дека молитвите ќе ѝ бидат одговорени, бидејќи ќе верува во Семоќниот Бог.

На тој начин, кога се покоруваме на Словото Божјо, на Бога Му е угодна нашата вера, и Тој тогаш ги трга неволјите и страдањата од нас, и им одговара на сите наши молитви, за навистина да имаме причини за радост и благодарност. Ако вредно се молиме, ако ги отфрламе невистините од своите срца, преку помошта од Светиот Дух, и ако делуваме согласно со Словото Божјо, тогаш нашата вера којашто е базирана на знаењето, ќе стане пиедестал, на којшто Бог ќе ни ја даде духовната вера.

Ако ја имаме духовната вера, тогаш лесно ќе Му се покориме на Словото Божјо. Ако се обидеме, со вера, да ставиме во дело нешто што не можеме да направиме, тогаш Бог ќе ни помогне да го направиме тоа. Затоа примањето финансиски благослови треба да биде навистина лесно. Како што е запишано во Малахија 3:10, ако ги даваме целосните десетоци, тогаш Бог ќе истури толку многу благослови врз нас, што сè ќе ни претекува! Поради нашето верување дека она што сме го посеале, ќе го пожнееме 30, 60, или 100 пати повеќе, ќе можеме да сееме со радост. Тоа е начинот на којшто, праведните со верата ја добиваат Божјата љубов и Неговите благослови.

Начините да се живее спред верата

Во нашите секојдневни животи, често доаѓаме пред 'Црвеното Море' кое стои пред нас, 'Градот Ерихон' што треба да го срушиме, и 'Реката Јордан' што тече пред нас. Кога ваквите проблеми ќе ни се случат, тогаш чекорењето во вистината, е живеењето на животот во верата. На пример, ако ја имаме телесната вера и некој не удри, тогаш ќе сакаме да ѝ возвратиме на таа личност и ќе ја мразиме истата. Но, ако ја поседуваме духовната вера, тогаш нема да ја имаме омразата кон таа личност, туку ќе чувствуваме љубов кон неа. Ако ја поседуваме ваквата жива вера—верата да го ставиме Словото Божјо во дело—тогаш непријателот ѓаволот ќе бега од нас, и нашите проблеми ќе бидат решени.

Праведните кои што го живеат својот живот во верата, го сакаат Бога, и им се покоруваат и ги запазуваат сите Негови заповеди, делувајќи согласно со вистината. Одвреме навреме луѓето прашуваат, "Па како можеме да ги запазиме сите Божји заповеди?" Ако е единствено соодветно за едно дете да ги сака и почитува своите родители, а мажот и жената да се сакаат помеѓу себе, ако се нарекуваме себеси чеда Божји, тогаш е единствено исправно ако ги запазуваме сите Негови заповеди.

За новите верници, кои само што почнале со присуството на богослужбите во црквата, можеби на почетокот ќе им биде тешко, да ги затвораат своите продавници во текот на Неделите. Тие ќе чујат дека Бог ќе ги благослови заради запазувањето на светоста на Сабатот, денот на Господа, со затворањето на своите продавници во неделите, но на почетокот ќе им биде тешко да поверуваат во тоа. Во некои случаи, тие ќе присуствуваат на утринските неделни богослужби, а ќе ги отвораат своите продавници во попладневните часови.

Од друга страна пак, за созреаните верници профитот не претставува никаков проблем. Знаејќи дека е приоритет да му се покоруваат на Словото Божјо, тие без проблем ги затвораат своите продавници во текот на неделите. Тогаш, Бог ќе ја види нивната вера и ќе направи да добијат уште повеќе профит, од оној што би го добиле ако продавниците им бидат отворени во текот на неделите. Како што Бог ветил, Тој ќе ги заштити од финансиска загуба, и ќе ги благослови со мерката, набиена, натресена и преполнета.

Истото се однесува и на отфрлањето гревови. Гревовите како што се омразата, љубомората, и страста се навистина тешки за отфрлање, но можат да се отфрлат преку ревносната молитва. Од моето лично искуство, за гревовите коишто не можат едноставно да се отфрлат само преку молитвата, ги отфрлав со долг пост. Ако постењето во текот на три дена не беше успешно, тогаш го продолжував постот на пет дена. Ако сеуште не се гледаа резултати, се обидував со седумдневен пост, а потоа и со десетдневен. Постев сѐ додека не успеав да ги отфрлам гревовите. Потоа видов дека полесно ги отфрлав гревовите, бидејќи сакав да го избегнам постот!

Ако успееме да ги отфрлиме овие неколку гревови, коишто

се најтешки за отфрлање, тогаш другите гревови ќе бидат многу полесни за отфрлање. Тоа е нешто како извлекувањето дрво со неговите корени. Ако успееме да го извлечеме главниот корен, сите други мали корења, лесно ќе излезат заедно со него.

Ако Го сакаме Бога, тогаш запазувањето на Неговите заповеди нема да ни биде тешко. Како може некоја личност, која што Го сака Бога, да не го почитува Неговото Слово? Сакањето на Бога, всушност е почитувањето на Неговото Слово. Па така, ако во срцето свое ја имате љубовта за Него, ќе им се покорите на сите Негови заповеди. Дали имате натрупани проблеми пред вас, кои наликуваат на Црвеното Море, или се цврсти како ѕидините на градот Ерихон?

Ако ја поседуваме духовната вера, ако ја ставиме таа вера во акција, и ако чекориме по патот на праведноста, тогаш Бог ќе ни ги реши сите наши тешки проблеми, и ќе го оттргне страдањето од нас. Колку поправедни ќе стануваме, толку побргу ќе можеме да ги решаваме своите проблеми, и толку побргу нашите молитви ќе добиваат одговори од Него! Па така, се надевам дека ќе уживате во расцветаниот живот не само во овој наш свет, туку и во вечните благослови на Небесата, марширајќи во верата како праведни личности Божји!

Речник

Мислите, теориите и рамките на умот

'Мислата', преку операцијата на душата, го носи знаењето коешто е складирано во меморискиот уред на мозокот. Ваквите мисли можат да се категоризираат во два дела: телесни мисли, што застануваат спроти Бога, и духовните мисли, што му се угодни на Бога. Од знаењето коешто е складирано во нашата меморија, ако го избереме она што е вистина, тогаш ќе можеме да ги имаме и духовните мисли. Во спротивно, ако го избереме она што е невистина, ќе ги имаме телесните мисли.

'Теоријата' е логиката што една личност ја воспоставува базирајќи се на знаењето што е стекнато низ искуството, интелектот или едукацијата. Теоријата варира во зависност од искуството на секоја личност, нејзините мисли, или возраст. Таа создава расправии, и во многу случаи застанува против Словото Божјо.

'Рамката на умот' претставува ментална рамка, со којашто една личност го добива убедувањето дека е во право. Ваквите рамки на умот се прават штом доаѓа до закоравеност на самоправедноста кај личноста. Заради таквата причина, кај некои личности, самиот нивен карактер станува рамка на умот, а кај други, нивното знаење и теории го прават истото тоа. Мораме да го слушаме Словото Божјо и да ја сватиме вистината, за да можеме да ги откриеме ваквите рамки на умот кај нас, и да ги скршиме и отфрлиме истите.

Глава 8

Со покорноста кон Христа

"Затоа што, иако живееме во телото, не војуваме според телото, бидејќи оружјето на нашето војување не е од телото, туку е божествено силно, за разурнување на тврдини. Ги рушиме мудрувањата и секое возвишување што се крева против знаењето на Бога, ја поробуваме секоја мисла заради покорноста кон Христа, и спремни сме да го казниме секој непокор, кога ќе се исполни нашата покорност."
(2 Коринтјани 10:3-6)

Ако го прифатиме Исуса Христа, и станеме праведни личности, кои што ја поседуваат духовната вера, ќе можеме да ги примиме неверојатните благослови од Бога. Тогаш не само што ќе Му ја оддаваме славата на Бога, правејќи ја работата Божја на моќен начин, туку и што и да побараме во нашите молитви, Тој ќе ни одговори, па ќе можеме да ги водиме животите што се напредни во сите аспекти.

Сепак, постојат некои луѓе кои што се исповедаат дека веруваат во Бога, а не му се покоруваат на Словото Божјо, па затоа не можат да ја постигнат праведноста Божја. Тие се исповедаат дека се молат и вредно работат за Господа, но сепак не добиваат благослови, и постојано се среде испитанија, страдања и болести. Ако една личност ја има верата, тогаш таа ќе живее според Словото Божјо и ќе ги прима изобилните благослови од Бога. Но зошто верниците не се во состојба да го направат тоа? Тоа е така, затоа што продолжуваат да се држат до телесните мисли.

Телесните мисли што се непријателство кон Бога

Терминот "телесно" се однесува на телото на една личност, комбинирано со грешните природи. Овие грешни природи се невистини што се наоѓаат во срцето на личноста, а кои не се изразиле надворешно како дела. Кога овие невистини ќе излезат надвор во форма на мисли, тогаш тие мисли се нарекуваат "телесни мисли". Кога имаме телесни мисли, не можеме во целост да ѝ се покориме на вистината. Римјаните 8:7 гласи, "...Затоа што телесното мудрување е непријателство кон Бога; бидејќи не му се покорува на законот Божји, ниту пак може да го стори тоа."

Тогаш, поспецифично кажано, што претставуваат овие телесни мисли? Постојат два вида на мисли. Првите се духовни мисли, коишто ни помагаат да делуваме согласно со вистината, или со законите Божји, а другите се телесни мисли, коишто нѐ држат настрана од делувањето според законите Божји (Римјаните 8:6). Избирајќи помеѓу вистината и невистината, можеме или да имаме духовни мисли, или телесни мисли.

Понекогаш кога ќе видиме некоја личност што не ја сакаме, можеме или да имаме мисли што нѐ наведуваат на нељубезност кон неа, поведени од нашите лоши мисли кон неа. Или од друга страна, можеме да имаме мисли, со кои ќе се обидуваме да ја сакаме таа личност. Ако видиме некој сосед кој што поседува нешто многу убаво, може да ни се јават мисли кои ќе не наведуваат да му го украдеме тоа нешто, или ќе ни укажуваат дека не смееме да го посакуваме неговиот посед. Мислите што се во согласност со законите на Бога, коишто ни кажуваат "Сакај ги ближните свои", и "Не посакувај ништо туѓо", се духовни мисли. А мислите кои ве наведуваат на омраза и крадење, се мисли кои се спротивни на законите Божји; па затоа се телесни мисли.

Телесните мисли се непријателство кон Бога; затоа тие го спречуваат нашиот духовен развој и застануваат против Бога. Ако ги следиме телесните мисли, се оддалечуваме од Бога, подлегнуваме на секуларниот свет, за на крајот да мораме да се соочиме со испитанија и страдања. Постојат многу нешта кои ги гледаме, слушаме и учиме од овој свет. Голем број од нив се во спротивност со волјата на Бога, и претставуваат пречка на нашето чекорење во верата. Мораме да сватиме дека овие нешта се сите телесни мисли, што се во непријателство кон Бога. Штом ќе ги откриеме ваквите мисли, мораме целосно да ги отфрлиме. Без разлика колку и да ни изгледаат исправни, ако не се во согласност со волјата на Бога, тоа се телесни мисли, и со тоа стануваат непријателство кон Бога.

Да го погледаме случајот со Петар. Кога Исус им рекол на учениците дека ќе мора да оди во Ерусалим, и да биде распнат, а на третиот ден да воскресне, Петар Му рекол "Бог да е милостив кон Тебе, Господи! Тоа никогаш нема да Ти се случи" (Матеј 16:22). Но тогаш Исус рекол, "Бегај зад Мене, Сатано! Ти си Ми пречка; затоа што не мислиш за она што е Божјо, туку за она што е човечко" (Матеј 16:23).

Како ученик кој што Му бил десна рака на Исуса, Петар го кажал тоа, понесен од љубовта кон својот учител. Но, без разлика колку добра била неговата намера, неговите зборови оделе против волјата на Бога. Поради тоа што волјата Божја била Тој да го земе крстот и да ја отвори вратата на спасението , Исус го избркал Сатаната, кој што се обидувал да го замае Петра, преку неговите мисли. На крајот, откако ги доживеал Исусовата смрт и воскресение, Петар сватил колку безвредни и непријателски биле неговите телесни мисли кон Бога, и во целост ги уништил истите. Како резултат на тоа, Петар станал клучниот играч во ширењето на Евангелието за Христа, и ја изградил првата цврста црква.

"Самоправедноста"—една од првите телесни мисли

Меѓу сите видови на телесни мисли, "самоправедноста" е вистински пример за нив. Едноставно кажано, "самоправедноста" значи да се карате и докажувате дека сте во право. Откако една личност ќе се роди, таа учи многу работи од своите родители и учители. Таа исто така учи и преку своите пријатели и од различните средини на коишто е изложена.

Но, без разлика колку и да се добри родителите и учителите на личноста, не е лесно таа да ја научи само вистината од нив. Многу е веројатно дека ќе научи и многу нешта што одат против волјата на Бога. Се разбира дека секоја личност се обидува да го поучува она, за што тој или таа си мисли дека е исправно; сепак, ако тие нешта се рефлектираат и споредат со Божјиот стандард на праведноста, речиси сите тие нешта се невистинити. Многу малку од нив е вистина. Тоа е така, затоа што никоја личност не може да биде целосно добра, освен Самиот Бог (Марко 10:18; Лука 18:19).

На пример, Бог ни кажува дека треба да му одговараме на злото со добро. Тој ни кажува дека, ако некој нѐ тера да одиме една милја со него, ние да одиме две. Ако некој ви го земе палтото, дајте му ја и кошулата исто така. Тој нѐ поучува дека личноста која што служи е поголема; и дека онаа личност, која што дава и се жртвува за другите, на крајот е вистинскиот победник. Но, она што луѓето го сваќаат како 'праведност' се разликува од една, до друга личност. Нѐ поучуваат дека треба на злото да му одговориме со зло, и дека треба да застанеме против злото се до самиот крај, додека не го уништиме.

Еве еден прост пример. Вашето дете оди во посета кај некое свое другарче, и се враќа дома плачејќи. На лицето му се гледаат лузни кои најверојатно се направени од нечии нокти. Тогаш многу родители се вознемируваат и почнуваат да го казнуваат своето дете. Во некои сериозни случаи, родителите можат да кажат, "Следниот пат, немој само да седиш и да не правиш ништо. Врати му!" Тие го поучуваат своето дете дека тоа што било натепано, претставува знак на слабост, или на губиток.

Исто така, постојат некои луѓе кои што страдаат од некои болести. Без разлика колку и да се грижат нивните негуватели за нив, тие секогаш бараат нешто повеќе, за да може да им биде на нив самите што поудобно. Од гледна точка на болна личност, поради тоа што болката им е голема, си мислат дека имаат право да го прават тоа, и дека нивните дејства се оправдани. Сепак, Бог нѐ поучува да не ја бараме својата корист, туку повеќе да се грижиме за корист на другите. Ете како човечките мисли и мислите на Бога се разликуваат. Човечките стандарди за праведноста и Божјите стандарди за праведноста, се многу различни.

Во Битие 37:2, можеме да видиме како Јосиф, кој што, понесен од својата самоправедност укажал на престапите на своите браќа, и му кажал за тоа на својот татко. Од негова гледна точка, тој не го сакал беззаконието на делата на своите браќа. Ако Јосиф имал малку повеќе добрина во своето срце, тој би ја побарал мудроста Божја и би пронашол подобар начин и помирно решение на проблемот, без да предизвика негодување кај своите браќа. Сепак, поради својата самоправедност, тој станал омразен од своите браќа, и од нивните раце бил продаден во ропство, во Египет. Па на таков начин, ако и вие го навредите својот брат поради нешто што мислите дека е 'праведно', тогаш и вие исто така би можеле да ги искусите таквите страдања.

Сепак, што се случило со Јосифа, откако ја сватил

праведноста Божја, преку испитанијата, искушенијата и страдањата со кои се соочил? Тој ја отфрлил својата самоправедност и се возвишил на позицијата Премиер на Египет, добивајќи го авторитетот да владее над голем број луѓе. Тој дури и ја спасил својата фамилија од големата глад, вклучувајќи ги и своите браќа, кои што претходно го продале во ропство. Тој исто така бил употребен и како основа за формирањето на Израелската нација.

Апостолот Павле ги скршил своите телесни мисли

Во Филипјаните 3:7-9, Павле рекол, "Но тоа што некогаш за мене беше придобивка, поради Христос го сметав за загуба. Затоа, сметам и дека сѐ друго е загуба наспроти преважечкото познание на Христа Исуса, мојот Господ, поради кого се одреков од сѐ, и сѐ сметам за отпад, само за да Го придобијам Христа, и да се пронајдам во Него..."

Роден во Тарс, главниот град на Киликија, Павле бил Римски граѓанин уште од самото раѓање. Имајќи го своето граѓанско Римско право, на градот Рим којшто владеел со светот во тоа време, тој имал многу голема социјална моќ. Како дополнение на сето тоа, Павле бил ортодоксен Фарисеј, од племето на Венјамин (Дела 22:3), и бил поучуван од страна на Гамалиел, најдобриот учител од тоа време.

Како најревносниот од Јудејците, Павле го заземал водечкото место во прогонот против Христијаните. Всушност, тој бил појден на пат кон Дамаск, за да ги уапси Христијаните кои таму се наоѓале, кога Го сретнал Исуса Христа. Преку својата средба со Господа, Павле ги сватил своите престапи и сватил дека Исус Христос е сигурно вистинскиот Спасител. Од тој момент па натаму, тој го негирал своето образование, сите вредности и својот социјален статус, и тргнал да Го следи Господа.

Откако се случила средбата со Исуса Христа, која била

причината што Павле ги сметал за загуба сите оние нешта што ги имал добиено до тогаш? Тој сватил дека сето негово знаење доаѓало од човекот, кој што е само создание, а тоа значи дека било многу ограничено. Тој исто така дознал дека човекот може да се здобие со живот и да ужива во вечната среќа на Небесата, единствено преку верувањето во Бога и прифаќањето на Исуса Христа, и дека почетокот на знаењето, и сваќањето на сите нешта, е всушност, Бог.

Павле сватил дека школското знаење од овој свет е само неопходно за животот во овој свет, но знаењето на Исуса Христа претставува најблагородната форма на знаење, којашто може да го реши човечкиот фундаментален проблем. Тој открил дека во рамките на знаењето на Исуса Христа, постои неограничена моќ и авторитет, богатство и чест. Поради тоа што имал такво цврсто верување во овој факт, тој го сметал за губиток и отпад сето негово знаење стекнато од училиштето, и сваќањето од овој свет. Тој го правел тоа за да се здобие со Христа, и да се најде себеси во Него.

Ако една личност е тврдоглава и си рече, "Јас знам", па исполнета со себеси си помисли, "Јас сум секогаш во право", таа никогаш нема да биде во можност да си го пронајде своето вистинско јас, и секогаш ќе си мисли дека е најдобра и најпаметна личност на светот. Таквата личност нема да ги слуша искажувањата на другите со скромно срце; затоа и нема да може ништо да научи, и ништо да свати. Но, Павле Го сретнал Исуса Христа, најголемиот учител на сите времиња. За да може Неговите учења да ги направи свои, тој ги отфрлил сите свои телесни мисли, кои некогаш ги сметал за апсолутна вистина. Сето тоа било така бидејќи Павле морал да ги отфрли сите свои лажни мисли, за да може да се стекне со благородното знаење на Христа.

Затоа, апостолот Павле бил во состојба да се стекне со праведноста која Му била угодна на Бога, бидејќи се исповедал,

"...и да се пронајдам во Него, не со својата праведност стекната од Законот, туку со придобивката преку верата во Христа, односно со праведноста од Бога преку верата" (Филипјаните 3:9).

Праведноста којашто доаѓа од Бога

Пред да Го сретне Господа, апостолот Павле стриктно се придржувал до Законот, и се сметал себеси за праведна личност. Но откако Го сретнал Господа и Го примил Светиот Дух, тој го открил своето вистинско јас, и се исповедал, "Христос Исус дојде во светот да ги спаси грешниците, од кои прв сум јас" (1 Тимотеј 1:15). Тој сватил дека ги поседува и изворниот грев и самоизвршените гревови/актуелните гревови, и дека дури сега треба да ја исполни вистинската, духовна љубов. Ако, од почетокот тој бил праведна личност која чекорела во верата што Му е угодна на Бога, тој би го препознал Исуса и би Му служел уште од самиот почеток. Но, тој не го познал Спасителот, и наместо тоа земал учество во прогонот на оние кои верувале во Исуса. Значи во реалноста тој не се разликувал од Фарисеите кои го заковале Исуса на крстот.

Во Старозаветните времиња луѓето морале да плаќаат око за око и заб за заб. Согласно со Законот, ако некој извршел убиство, или прељуба, тој требало да биде каменуван до смрт. Но, Фарисеите не го сватиле вистинското срце на Бога, коешто се содржело во Законот. Зошто Богот на љубовта би создал такви закони и одредби?

Во Старозаветните времиња, Светиот Дух не се спуштал во срцата на луѓето. Многу потешко било за нив да си ги контролираат своите дела, од оние кои што го имале примено Светиот Дух, Помошникот, во Новозаветните времиња. Значи гревот можел многу бргу да се рашири, ако не постоеле строги казни, туку само простување. Заради таа причина, за да се спречат луѓето да извршуваат гревови, и да се спречи ширењето на гревот, тие морале да платат со животот за живот, со око за око, со заб за заб, и со стапало за стапало. Убиството и прељубата се многу сериозни злобни гревови, мерено и само од секуларните стандарди исто така. Личноста која што ќе ги изврши ваквите видови на гревови, во себе поседува закоравено и бесчувствително срце. Ќе биде многу тешко за една таква личност да се отргне и одврати од таквите свои патишта. Значи, штом веќе не може да го прими спасението, и веќе е осудена да оди во Пеколот, подобро е за неа да биде каменувана и казната најзина да биде предупредување и лекција за другите луѓе.

Тоа е љубовта на Бога, исто така, но Бог никогаш немал намера ниту желба човекот да поседува легалистичка форма на вера, кога личноста треба да плати око за око, и заб за заб. Во Второзаконие 10:16, Бог рекол, "Обрежете го срцето свое, и не дрвете го вратот свој повеќе." И Еремија 4:4 гласи, "Обрежете се заради ГОСПОДА и симнете го крајчето од срцето свое, луѓе од Јудеа и жители Ерусалимски, за да не се јави гневот Мој како оган, и да не пламне неизгасливо заради злото на злоделата ваши."

Можете да видите дека дури и во Старозаветните времиња, оние пророци што Бог ги признава, немале легалистичка вера во себе. Тоа е така бидејќи она што Бог навистина го посакува, е духовната љубов и сочувство. Исто како што Исус Христос го исполнувал Законот со љубов, исто така и тие пророци и патријарси, што ја примиле љубовта Божја и Неговите благослови, ги барале љубовта и мирот.

Во случајот на Мојсеја, кога синовите Израелеви застанале на работ на смртта, затоа што го извршиле непростливиот грев, Тој посредувал во нивно име, молејќи го Бога за замена на неговото спасение за нивното. Павле пак, не бил таков, пред да Го сретне Исуса Христа. Тој не бил праведен во очите Божји. Тој дури не бил праведен ниту во своите сопствени очи.

Единствено откако Го сретнал Христа, тој сметал дека сѐ што претходно знаел било загуба, и почнал да го шири благородното знаење на Христа. Поради својата љубов кон човечките души, Павле основал цркви секаде каде што неговата нога ќе стапнела, и си го жртвувал својот живот за Евангелието. Тој живеел највреден и најблагороден живот.

Саул покажал непокор кон Бога со своите телесни мисли

Саул е вистинскиот пример за човек кој што застанал против Бога, поради своите телесни мисли. Помазан од страна на Пророкот Самуил, Саул бил првиот крал кој што владеел со Израелската нација во текот на 40 години. Пред да стане крал, тој бил многу скромен човек. Но откако станал крал, тој полека стануват сè повеќе и повеќе горд. На пример, кога Израел се подготвувал да оди во војна со Филистејците и Пророкот Самуил не дошол во одреденото време, па луѓето почнале да се разидуваат, иако само свештиник смеел да го изврши жртвувањето на олтарот, Саул самиот го извршил тој чин, делувајќи во спротивност со волјата на Бога. И кога Самуил го прекорил затоа што немал респект за светите ограничувања на свештеничката улога, наместо да се покае, Саул веднаш почнал да наоѓа изговори за своето дело.

И кога Бог му рекол 'целосно да ги уништи Амаликитите', тој не го испочитувал тоа. Наместо тоа, тој го заробил противничкиот крал. Тој дури ја поштедил и стоката којашто била убава и ја донел дома со него. Поради тоа што дозволил неговите телесни мисли да навлезат во него, тој ги ставил своите мисли пред Словото Божјо. И иако ситуацијата била таква, тој побарал од своите луѓе да го величаат. На крајот Бог го свртел Своето лице од него, и тој почнал да биде измачуван од страна на злите духови. Но дури и во таквата ситуација, тој одбил да се одврати од злото, и дури се обидел да го убие Давида, оној кој што Бог го имал помазано. Бог му дал на Саула голем број на шанси да се врати на правиот пат, но тој не успеал да ги одгони своите телесни мисли, и уште еднаш покажал непокор кон Бога. На крајот тој тргнал по патот на смртта.

Начинот да ја исполниме Божјата праведност преку верата

Како можеме да ги отфрлиме нашите телесни мисли, кои се непријателство кон Бога, и да станеме праведни личности во очите на Бога? Мораме да ги уништиме сите шпекулации и секоја возвишена работа што застанува против знаењето на Бога, и да ја направиме секоја мисла заробеник заради покорноста кон Христа (2 Коринтјаните 10:5).

Покорноста кон Христа не значи да бидеме заробени или да страдаме. Тоа го претставува патот кон благословите и вечниот живот. Затоа оние кои што го прифатиле Исуса Христа како свој Спасител, и ја доживеале прекрасната љубов Божја, секогаш му се покоруваат на Словото Божјо и се трудат да го имитираат Неговото срце.

Па така, за да можеме да ја постигнеме праведноста Божја преку верата во Исуса Христа, треба да ја отфрлиме секоја форма на зло (1 Солунјани 5:22) и да се трудиме да ја достигнеме добрината. Нема да имате телесни мисли ако во своите срца немате невистини. Ќе ги примате делата на Сатаната и ќе одите по злите патишта, онолку колку што има невистина во вас. Затоа, почитувањето на Христа значи да се отфрлат сите невистини од нас и да се добие знаењето и да се делува во согласност со Словото Божјо.

Ако Бог ни каже да се "посветиме себеси на заеднички состаноци", тогаш без да ги вклучиме нашите сопствени мисли, треба да се посветиме себеси на задничките состаноци. Присуствувајќи на богослужбите, треба да ги сватиме Божјите патишта и согласно со тоа да им се покориме. Сепак, самото познавање на Словото Божјо, не значи дека веднаш ќе можеме целото да го ставиме во практика. Мораме да се молиме за да можеме да ја примиме силата за спроведувањето на Словото Божјо во дело. Кога се молиме, стануваме исполнети со Светиот Дух, и со тоа можеме да ги исечеме нашите телесни мисли. Но, ако не се молиме, нашите телесни мисли ќе не обземат и ќе не наведат кон погрешни патишта.

Затоа мораме да се молиме додека вредно се обидуваме да го живееме животот во согласност со Словото Божјо. Пред да Го сретнеме Исуса Христа, можеби сме ги следеле желбите на телесното, кажувајќи, 'ајде да се одмараме, да уживаме, да пиеме и јадеме, и да бидеме весели'. Но по средбата со Исуса Христа, треба да медитираме за тоа како да го исполниме Кралството Божјо и да се здобиеме со Неговата праведност, и вредно и напорно да работиме, за да можеме да ја спроведеме нашата вера во дело. Треба да го откриеме злото и да го отфрлиме од себе, како што се на пример омразата и љубомората, коишто се во спротивност со Словото Божјо. Треба да го правиме она што Исус го направил—да ги сакаме нашите непријатели и да станеме понизни и да им служиме на другите. Тогаш, тоа ќе значи дека сме ја постигнале праведноста на Бога.

Се надевам дека ќе бидете во состојба да ги уништите шпекулациите и секоја возвишена работа што се подига против знаењето на Бога, и дека ќе ја заробите секоја мисла заради покорноста кон Христа, исто како што тоа апостолот Павле го правел, за да можете да се здобиете со мудроста и сваќањето од Бога, станувајќи праведни личности, кои што ќе напредуваат во сите нешта.

Речник

Праведноста на верата, покорноста и делата

Праведноста на верата значи да се види позитивниот исход со очите на верата, наместо едноставно да се гледа реалноста онаква каква што е, и да се верува во Словото Божјо. Тоа значи да не се потпираме на своите сопствени мисли и способности, туку единствено и само на Словото Божјо.

Праведноста на покорноста, не значи само покорноста кон заповедите што ги извршуваме со својата сила. Тоа значи, во рамките на вистината, да се покориме дури и на заповедите за кои некои луѓе мислат дека се невозможни за изведување. Ако една личност ја поседува праведноста на верата, тогаш таа исто така ќе може да ја исполни и праведноста на покорноста. Една личност која што ја исполнила праведноста на покорноста, базирајќи се на праведноста на верата, ќе може да се покори со вера, дури и во случаите коишто реално изгледаат невозможни за изведба.

Праведноста на делата претставува способноста да се делува во согласност со волјата Божја, без наоѓањето изговори, штом тоа е нешто што Бог го посакува. Капацитетот да се спроведе праведноста на делата варира кај секоја личност, во зависност од нејзиниот карактер на садот и карактерот на нејзиното срце. Колку повеќе една личност ја занемарува својата сопствена корист, и ја бара користа за другите луѓе, толку повеќе ќе може да се исполни со ваквиот вид на праведност.

Глава 9

Оној кого Господ го пофалува

"Затоа што не е достоен оној кој што самиот себе се пофалува, туку оној кого што Господ го пофалува."

(2 Коринтјани 10:18)

Без разлика во кое поле работиме, ако напредуваме во она што го правиме, можеме да добиеме пофалби. Но сепак, постои разлика помеѓу тоа да се биде пофален од страна на било која личност, и да се биде пофален од страна на некој експерт во полето во коешто работиме. Па така, ако нашиот Господ, Кралот над кралевите, Господарот над господарите, го признае нашето работење, тогаш нашата радост ќе биде неспоредлива со било што од овој свет!

Оној кого Господ го пофалува

Бог ги пофалува оние личности, чии што срца се праведни, и кои што во себе ја носат ароматот на Христа. Во Библијата не постојат голем број на случаи, каде што Исус искажал пофалници. Но, кога ќе го направел тоа, не го правел на директен начин, туку на заобиколен начин, со зборовите како што се, "Ја направи исправната работа." "Запомни го ова." "Рашири го ова."

Во Лука, глава 21, можеме да видиме дека сиромашната вдовица дала како принос два мали бакреници. Исус ја пофалил вдовицата за нејзиниот принос, бидејќи тоа било сè што поседувала, кажувајќи, "Вистина ви велам, оваа сиромашна вдовица стави повеќе од сите; затоа што сите овие приложија дар од вишокот свој; а таа, од својата сиромаштија, стави сè што имаше за живеење" (с. 3-4).

Во Марко, глава 14, среќаваме сцена каде што една жена истура скапоцен парфем врз главата на Исуса. Некои од присутните ја прекориле за тоа дело, кажувајќи, "Ова миро можеше да биде продадено за повеќе од триста денарии, а парите да им се дадат на сиромасите" (с. 5).

На тоа, Исус рекол, "Оставете ја, зошто ѝ досадувате? Сиромавите секогаш ги имате со вас, и кога сакате можете да им направите добро дело; но Мене Ме немате засекогаш. Таа направи што можеше; Го помаза предвреме телото Мое за погребение. И вистина ви велам, каде и да се проповеда Евангелието по целиот свет, ќе се раскажува и за тоа што направи таа, за спомен на неа" (с. 6-9).

Ако сакате да бидете пофалени од Господа на ваков начин, тогаш морате да го направите она, што треба да го направите. Па ајде тогаш да погледнеме поспецифично на нештата што мораме да ги направиме, како чеда Божји.

Да се биде одобрен од Бога

1) Вредно градете жртвеник пред Бога

Битие 12:7-8 гласи, "И му се појави ГОСПОД на Аврама и му рече: 'Оваа земја ќе му ја дадам на потомството твое'. Па на тоа место изгради Аврам жртвеник на ГОСПОДА, Кој што му се појави. Потоа замина од таму кон ридот што се наоѓа на исток од Бет-Ел, и го постави шаторот свој, имајќи го Бет-Ел западно, а Аи на исток од себе; и таму му подигна жртвеник на ГОСПОДА, и го повика името на ГОСПОДА." Понатаму, во Битие 13:4 и 13:18, исто така е запишано дека Авраам изградил жртвеник за Бога.

Во Битие, глава 28, можеме да прочитаме за тоа како Јаков изградил жртвеник за Бога. Додека бегал од својот брат, кој што се обидувал да го убие, Јаков наишол на местото каде што заспал, а под главата имал една карпа. Во сонот што го сонил, тој видел една скала којашто допирала до Небесата, и видел голем број на ангели Божји, кои оделе нагоре надолу по неа, а воедно го чул и гласот на Бога. Кога се разбудил следното утро, Јаков го земал каменот што го користел како перница, го подигнал како столб, налеал масло врз него, и Му ја оддал славата на Бога, на тоа место.

Гледано од денешен аспект, градењето на жртвеник за Бога, е еквивалентно со присуството на богослужбите во црквата. Тоа значело да се принесе понуда со сето свое срце, додека се оддава благодарнос; тоа е всушност слушањето на Словото Божјо и неговото примање во срцето, како најосновна духовна храна. Тоа значи да се земе Словото што сме го чуле и да го ставиме во дело. На тој начин, како што ќе обожуваме во духот и вистината, и ќе го практикуваме Словото, на Бога ќе Му биде угодно и ќе нè поведе кон благословениот живот.

2) Воздигнувајте ги молитвите коишто Бог сака да ги чуе

Молитвата претставува духовно дишење. Таа е комуникација со Бога. Важноста на молитвата се нагласува на многу места во Библијата. Се разбира дека, дури и да не Му го соопштиме секој детал, Тој веќе сè знае. Но, поради тоа што Тој сака да комуницира со нас, и да ја сподели Својата љубов со нас, Тој го дал ова ветување, запишано во Матеј 7:7, "Посакајте, и ќе ви се даде."

За да може нашата душа да напредува и да отиде на Небесата, мораме постојано да се молиме. Единствено кога ќе бидеме исполнети со благодетта и силата на Бога, и со исполнетоста на Светиот Дух, ќе можеме да ги отфрлиме нашите телесни мисли, што се во спротивност со вистината, и ќе можеме да се исполниме со Словото Божјо, коешто е вистината. Исто така, мораме да се молиме за да можеме да станеме луѓе на вистината, луѓе на духот. Преку молитвата, сите нешта ќе можат да напредуваат кај нас, и ќе уживаме во доброто здравје, додека душите ќе ни напредуваат.

Сите луѓе кои биле сакани и признаени од страна на Бога, биле луѓе кои што постојано се молеле. 1 Самоил 12:23 гласи, "Нека биде далеку од мене можноста, дека ќе Му згрешам на ГОСПОДА со престанување на молењето." За да можеме да примиме нешто од Бога, што не е возможно со човечката сила, треба да комуницираме со Бога. Даниел, Петар и апостолот Павле, биле луѓе кои постојано се молеле. Исус се молел рано наутро, а понекогаш и низ целата ноќ. Приказната како Тој се молел сè додека потта не му станела како капки крв, кога бил во Гетсиманската Градина, е многу позната во Библијата.

3) Имајте ја верата за да ги примите одговорите

Во Матеј, глава 8, стотникот дошол да го види Исуса. Во тоа време Израел бил окупиран од страна на Рим. Стотникот од Римската Армија би бил еквивалентен на високи воени чинови денес. Стотникот Го прашал Исуса да му го излекува слугата, кој што страдал од парализа. Исус ги видел љубовта и верата кои пребивале во стотникот, па решил да му го излекува слугата.

Но стотникот ја искажал оваа исповед на верата, "Господи, не сум достоен да влезеш под покривот мој, туку само кажи збор, и мојот слуга ќе биде исцелен. Затоа што и јас сум човек под власт, со војници под моја власт; па кога ќе му кажам на едниот, 'Оди!' тој оди, а кога ќе му кажам на друг, 'Дојди!' тој доаѓа, а кога на слугата свој му велам, 'Направи го тоа!' и тој го прави" (Матеј 8:8-9).

Гледајќи колку скапоцени биле верата и скромноста на стотникот, Исус рекол, "Вистина ви велам, кај никого во Израел не најдов толку голема вера" (с. 10). Голем број на луѓе посакуваат да ја поседуваат таквата вера, но тоа не е можно само преку нашата сопствена волја. Колку повеќе добрина имаме во нашите срца, и колку повеќе го ставаме во дело Словото Божјо, толку повеќе ваква вера Бог ќе ни дарува. Поради тоа што стотникот имал добро срце, тој сето она што го чул и видел за Исуса, едноставно поверувал. На тој начин, Бог ја пофалува секоја личност која што верува и ја става својата вера во дело, па затоа Бог делува во согласност со нејзината вера.

4) Имајте скромно срце пред Бога

Во Марко, глава 7, една жена – Сирофеничанка, дошла пред Исуса со своето скромно срце, посакувајќи Тој да ѝ ја исцели од демон заседнатата ќерка. Кога таа го прашала да ѝ ја исцели ќерката, Исус ѝ одговорил, "Остави прво да се наситат децата, затоа што не е добро да им се одземе лебот на децата, и да се фрли на кучињата" (с. 27). Жената не се налутила, ниту се навредила, иако била споредена со куче.

Поради тоа што била исполнета со голема желба за добивање на одговор, и поради верата што ја имала во Исуса, Кој што бил самата Вистина, таа се понизила себеси и на скромен начин продолжила да извикува, "Да, Господи. Но дури и кучињата под трпезата јадат од трошките на децата" (с. 28). Исус бил трогнат од нејзината вера и понизност, што ѝ одговорил и рекол, "Оди си; демонот излезе од ќерката твоја" (с. 29). Мораме да ја поседуваме ваквата понизност пред Бога, секогаш кога се молиме и бараме одговор од Него.

5) Посејте со вера

Сеењето со вера, исто така претставува дел од праведноста, којашто Бог ја пофалува. Ако сакате да станете богати, посејте во согласност со законот за сеењето и жнеењето. Ова најмеќе се огледа во поглед на давањето целосни десетоци и понуди благодарници. Дури и кога ќе погледнеме на природните закони, можеме да видиме дека го жнееме она што сме го посеале. Ако посееме пченица, тогаш ќе жнееме пченица, ако пак посееме грав, тогаш ќе жнееме грав. Ако посееме малку, тогаш и ќе пожнееме малку, ако пак посееме многу, тогаш и ќе жнееме многу. Ако посееме на плодна почва, тогаш ќе жнееме добри плодови; а колку повредно се трудиме и ја одржуваме земјоделската култура, толку подобри плодови ќе пожнееме.

Понудите кои што Му ги нудиме на Бога, се сеењето што го правиме за спас на нашите загубени души, за изградба на цркви, и поддршка на мисии, како и за помош на сиромашните. Затоа можеме да ја изразиме нашата љубов кон Бога преку ваквите понуди. Понудите се користат за пополнување на Кралството Божјо и за Неговата праведност, па затоа Тој ги прима со радост и го дава Својот благослов со враќање, 30, 60 или 100 пати повеќе од вложеното. Што би Му било потребно на Богот Создателот, за да ни ги побара понудите за Него? Тој всушност ни ја дава можноста да го пожнееме она што сме го посеале, и да ги примиме Неговите благослови!

Како што е запишано во 2 Коринтјани 9:6-7, "Ви го кажувам ова, оној кој што сее скржаво, скржаво и ќе жнее, а оној кој што сее обилно, обилно и ќе жнее. Секој нека даде како што одлучил во срцето свое, не жалејќи се и не од принуда, бидејќи Бог го љуби радосниот дарител."

6) Постојано верувајте и потпирајте се на Бога

Давид постојано се прашувал за Бога, па затоа Бог го повел по назначениот пат за него, и му помогнал да избегне разни тешкотии во животот. Давид Го прашал Бога, "Да го направам ова, или да го направам она?" скоро за сè во животот, и делувал во согласност со Неговите упатства (Реф: 1 Самоил, глава 23). Затоа тој бил во состојба да победи во многу битки. Тоа е причината зошто Бог ги сака оние Свои чеда, кои што секогаш се потпираат на Него и имаат доверба во Неговите упатства. Сепак, ако Го нарекуваме Бога 'Оче', а сеуште се потпираме на светот или на нашето знаење повеќе отколку на Бога, тогаш Тој не може да ни помогне.

Колку повеќе зачекориме во вистината, толку повеќе ќе можеме да го прашуваме Бога и Господ ќе може да ни дава пофалби. Што и да правиме, најпрво треба да ја бараме мудроста барајќи го Бога, а потоа да ги очекуваме Неговиот одговор и Неговото водство.

7) Покорете му се на Словото Божјо

Затоа што Бог ни заповедал, "Запазете ја светоста на Сабатот," треба да одиме во црквата, да Го обожуваме Бога, да другаруваме со другите верници, и да го поминеме тој ден на свет начин. Поради тоа што Тој ни заповедал, "Секогаш радувајте се и оддавајте благодарност за сè," треба да бидеме радосни и благодарни без разлика на ситуацијата во која се наоѓаме. Луѓето кои ги запазуваат Неговите заповеди на тој начин во срцата свои и искажуваат покорност, го примаат благословот секогаш да бидат во Неговото присуство.

Преку покорноста, Петар, Исусовиот ученик, се соочил со неверојатен настан. За да се плати данокот за храмот, Исус му рекол на Петра да "оди до морето и фрли јадица, и земи ја првата риба што ќе излезе; и кога ќе ѝ ја отвориш устата ќе најдеш статир. Земи го и подај им го за тебе и за Мене" (Матеј 17:27). Ако Петар одбиел да го стори она што Исус му го налагал со Своите зборови, и не отишол до морето за да фати риба, тогаш тој не би можел да го доживее тој чудесен настан. Но, Петар се покорил и ја фрлил јадицата во морето, овозможувајќи си со тоа да ја доживее прекрасната сила на Бога.

Сите такви дела на верата се запишани во Библијата, и се слични помеѓу себе. Кога Бог делува, Тој делува во согласност со мерката на верата што ја има личноста. Тој нема да го тера некого кој што има мала мерка на верата, да направи нешто што е над неговите способности. Тој прво им дозволува да ја доживеат Неговата сила, преку покажувањето покорност за нешто помало, а потоа им дава сѐ повеќе и повеќе духовна вера низ ваквите настани. Па така, следниот пат личноста ќе биде во можност да Му се покори на Бога, во врска со нешто поголемо.

Заковајте ги своите страсти и желби на крстот

Досега ги разгледувавме нештата кои мораме да ги направиме за да бидеме признати, пофалени и прогласени за праведни од страна на Бога. Понатаму, кога ќе ги заковаме нашите телесни страсти и желби на крстот, Бог ќе го смета тоа за праведност, и ќе нѐ пофали. Но зошто страстите и желбите се сметаат за гревови? Галатјаните 5:24 гласи, "А оние кои се Христови, го распнаа телото свое, со страстите и похотите негови." Тоа ни укажува дека треба храбро да ги отфрлиме ваквите нешта.

'Страстите' значат давање и примање на нечие срце. Тоа е нешто поблиску од она што го чувствувате за некого, додека се запознавате и го градите заедничкиот пријателски однос со таа личност. Тоа не се однесува само на двајца или тројца, туку на целото семејство, на пријателите и соседите. Но заради ваквите 'страсти', можеме многу лесно да станеме пристрасни и ограничени во умот. На пример, повеќето луѓе не простуваат толку лесно, ако некој ближен направи некаква мала грешка, но ако нивното чедо ја направи истата грешка, тогаш се многу пофлексибилни, и полесно простуваат и сваќаат. Но ваквите видови на телесни страсти не ѝ помагаат на нацијата, ниту на семејството, или индивидуата, во нивните напори цврсто да застанат во праведноста.

'Желбите' се слични на страстите. Дури и Давид, кој што бил многу сакан од страна на Бога, го извршил смртниот грев на убивањето на невиниот маж на Витсавеја, за да го сокрие делото на прељубата што го направил со неа. На тој начин телесните страсти и желби го раѓаат гревот, а гревот води кон патот на смртта. Кога гревот ќе биде извршен, грешникот сигурно ќе добие казна за него.

Во Исус Навин, глава 7, можеме да прочитаме за трагичниот настан којшто се случил како резултат на телесната желба на една личност. По Исходот од Египет, за време на процесот на заземањето на земјата Ханаанска, Израелците ја поминале реката Јордан и се здобиле со голема триумфална победа над градот Ерихон. По тоа, сепак, ја изгубиле битката против градот Аи. Кога Израелците се прашале која може да биде причината за таквиот пораз, тие откриле дека човекот по име Ахан посакал и скрил плашт и нешто злато и сребро од пленот од градот Ерихон. Бог им заповедал на Израелците да не земаат ништо што било заробено во Ерихон, за своја лична корист, но Ахан не го испочитувал тоа.

Поради Ахановиот грев, голем број на Израелци морале да поминат низ страдања; а на крајот Ахан и неговите деца, биле каменувани до смрт. Исто како малата количина на квасец, го потквасува целото тесто, така и една личност, Ахан, го создал страдањето за целата заедница Израелска. Затоа Бог ја дозволил таквата строга казна. Во прво време можеби ќе си помислиме, "Како можел Бог да го предаде на таква смрт човекот што само украл еден плашт и малку злато и сребро?" Но, постоела правична причина да се случи тоа.

Ако еден земјоделец, откако ќе заврши со сеењето, види неколку страка плевел на земјата и си помисли, "Ох, само два, три се..." и не ги извади, тогаш како времето ќе поминува, така плевелот ќе расте и ќе се рашири и ќе му го угуши засадот. Земјоделецот тогаш нема да може да пожнее ништо од својата нива. Страстите и желбите се како плевелот, и стануваат пречки на патот кон Небесата, и на добивањето на одговорите од Бога. Тие се болни и безвредни отклонувања од вистинскиот пат, што немаат никаква смисла. Затоа Бог ни кажал да 'ги заковаме таквите нешта на крстот'.

Од друга страна пак, Аса, третиот крал на Јужното Кралство Јудеја, строго ги отфрлил своите страсти и желби, угодувајќи Му на Бога (1 Кралеви, глава 15). Како и неговиот предок Давид, Аса го правел само она што било праведно во очите на Бога, и го исчистил своето кралство од идолите. Кога мајка му Маха го содала ликот на Ашера, тој отишол дотаму, што ја симнал од позицијата кралица мајка. Потоа ги скршил идолите и ги запалил кај потокот Кидрон.

Можеби ќе си помислите дека Аса делувал премногу остро, затоа што ја отстранил мајка си од местото кралица мајка, само затоа што ги обожувала идолите, и дури можеби ќе си помислите дека не бил добар син. Но, Аса реагирал на тој начин, затоа што повеќепати ја молел мајка си да престане со идолопоклонството. Но, таа не сакала да го послуша. Ако погледаме на оваа ситуација со нашите духовни очи, земајќи ја во предвид позицијата на Маха, тогаш незиното идолопоклонсво било исто со тоа, како целата нација да обожува идоли. Тоа на крајот би го донело Божјиот гнев врз целата нација. Затоа Бог ги пофалил делата на Аса, што успеал да ги отсече своите телесни страсти за својата мајка. Тој сватил дека е праведно, со ваквото дело да се спречат голем број на луѓе кои би згрешиле против Бога.

Тоа не значело дека Аса се одрекол од својата мајка. Тој едноставно ја отстранил од позицијата кралица мајка. Како нејзин син, тој продолжил да ја сака, почитува и да ѝ служи. Па така, ако некоја личност има родители кои што ги обожуваат лажните богови или идоли, треба да направи сѐ што може да им ги допре срцата, правејќи ги сите нешта, што еден син може да ги направи. Одвреме навреме, прашувајќи го Бога за мудрост, треба да го споделува Евангелието со нив, и да ги охрабрува да се ослободат од идолите. Тоа ќе Му биде многу угодно на Бога.

Патријарсите кои биле праведни пред Бога

Бог ја пофалува целосната покорност. Тој исто така им ја покажува Својата сила на оние кои делуваат во целосна покорност кон Него. Покорноста којашто Му е угодна на Бога и којашто Тој ја признава, е покорноста кога нештата изгледаат невозможни. Во 2 Кралеви, глава 5, можеме да прочитаме запис за командантот на армијата на кралот Арам, по име Нееман.

Генералот Нееман отишол во соседната земја за да го посети Пророкот Елисеј, во надеж дека ќе му помогне да се исчисти од лепрата. Понел со себе голем број на подароци, дури и писмо од самиот крал! Но, кога стигнал таму, Елисеј дури и не излегол да го поздрави. Наместо тоа, Елисеј испратил гласник кој што му порачал да оди и да се измие во реката Јордан, седум пати.

Чувствувајќи се навреден, Нееман бил спремен да се заврти и да си отиде дома. Но, по убедувањето од своите слуги, Нееман ја задушил својата гордост, и се покорил на упатството. Тој отишол и си го измил телото во реката Јордан седум пати. Мора да му било навистина тешко на човекот кој по важност бил веднаш по самиот крал на кралството Арам, да ја задуши својата гордост и да се покори на таков начин, по третманот со којшто Елисеј го третирал.

Елисеј го направил тоа, затоа што знаел дека Бог ќе го исцели Неемана, откако ќе ја покаже својата вера преку покорноста. Бог, на Кого Му била угодна покорноста, којашто е спротивна на жртвувањето, бил многу радосен заради ова Нееманово дело на верата и во целост го исцелил од лепрата. Бог ја смета покорноста за голема по вредност, и чувствува голема радост кога ги гледа луѓето како делуваат во праведноста.

На Бога му е исто така многу угодна и верата на оние личности, кои што ја бараат корист за другите, а не за себе, и кои што не прават компромис со светот. Во Битие, глава 23, кога Авраам сакал да ја погребе Сара во пештерата кај Макпела, сопственикот се обидел да му ја даде без пари земјата на Авраама. Но, Авраам не сакал да го прифати тоа. Авраам не поседувал срце коешто ја барало својата лична корист. Затоа инсистирал да ја плати вистинската цена за земјата, пред да го добие корисничкото право над неа.

И кога Содом бил поразен во војната, Авраамовиот внук Лот бил заробен, па тој не само што го спасил својот внук, туку спасил и други што биле од Содом, враќајќи им ги и нивните имоти исто така. Кога Содомскиот крал се обидел да му возврати, како знак на благодарност за она што го направил, Авраам одбил. Тој не сакал ништо да прими. Затоа што срцето му било праведно, тој во себе воопшто немал алчност, ниту желба да земе нешто, што не му припаѓа нему.

Во Даниел, глава 6, можеме да прочитаме дека Даниел знаел дека ќе биде убиен ако Му се моли на Бога, поради групата луѓе кои ковале завера потив него. Но без разлика на тоа, тој продолжил со својата праведност пред Бога, непрестано молејќи се. Тој не сакал да направи компромис ниту за миг, само за да го спаси својот живот. Поради ваквото негово дело, бил фрлен во лавовското дувло, каде имало гладни лавови. Но, излегол неповреден, и во целост бил заштитен. Тој сведочел за живиот Бог и Му ја оддавал славата на Бога.

Иако бил неправедно обвинет и ставен во затвор без причина, Јосиф не се пожалил, ниту пак бил огорчен против било кого (Битие, глава 39). Тој се сочувал себеси чист, не правејќи компромис со невистината, и секогаш го следел само патот на праведноста. Па затоа, во времето кое Бог го одредил, тој бил осободен од затворот и се воздигнал на почитуваната позиција да биде Премиер на Египет.

Значи, мораме да Му служиме на Бога, и мораме да останеме праведни пред Бога, правејќи го сето она што Тој го бара од нас. Исто така мораме да Му угодиме на Бога со тоа што ќе ги правиме нештата, за кои Господ ќе нѐ пофали. Кога ќе го правиме тоа, Бог ќе нѐ возвиши, ќе ни одговори на желбите на нашите срца, и ќе нѐ поведе кон понапреден живот.

Речник

Разликата помеѓу 'Аврам' и 'Авраам'
'Аврам' е изворното име на Авраам, таткото на верата (Битие 11:26).

'Авраам', значи 'таткото на многу нации', и е името што Бог му го дал на Аврама, за да створи завет на благословот со него (Битие 17:5). Врз основа на овој завет, тој станал изворот на благословот, како таткото на верата. И бил наречен 'Божји пријател'.

Благословите коишто се притиснати, протресени и нагмечени, и благословите од 30, 60 и 100 пати повеќе
Ги примаме благословите од Бога, во согласност со мерката на довербата во Бога, и мерката на тоа колку многу го практикуваме Неговото Слово, во текот на нашите животи. Иако можеби не сме успеале до крај да ги отфрлиме сите грешни природи од нашите срца, кога ќе посееме и ќе бараме со вера, ќе можеме да ги примиме благословите што се пристиснати, протресени и нагмечени, и кои се повеќе од два пати од она што сме го посеале (Лука 6:38). Но ако станеме свети и отидеме во духот, борејќи се против гревовите сè до точката на пролевање на крв, за да можеме во целост да ги отфрлиме гревовите, тогаш ќе можеме да ги пожнееме благословите што се повеќе од 30 пати од посеаното. А ако продолжиме и понатаму во целосниот дух, ќе можеме да ги пожнееме благословите што се 60, или дури 100 пати повеќе од посеаното.

Глава 10

Благослов

"И му рече ГОСПОД на Аврама: „Излези од земјата своја, од родот свој, и од домот на таткото свој, па тргни кон земјата којашто ќе ти ја покажам; ќе направам од тебе голем народ, ќе те благословам, и ќе го прославам името твое, и ќе станеш благослов; Ќе ги благословам оние кои што ќе те благословуваат, и ќе ги проколнам оние кои што ќе те проколнуваат; и преку тебе ќе бидат благословени сите племиња на земјата.' Па така тргна Аврам, како што му кажа ГОСПОД, а со него тргна и Лот. А Аврам беше на седумдесет и пет годишна возраст кога излезе од Харан."
(Битие 12:1-4)

Бог сака да ги благослови луѓето. Но постојат и случаи кога Тој избира некои личности, кои сака да ги благослови, и постојат случаи каде што личноста сама избира да влезе во рамките на границите на Божјите благослови. Некои луѓе избираат да влезат во Божјите благослови, а потоа да излезат од нив. А постојат и некои личности, кои немаат ништо заедничко од благословите. Ајде прво да ги разгледаме случаите каде што Бог избира некоја личност, која сака да ја благослови.

Авраам, Таткото на верата

Бог е првиот и последниот, почетокот и крајот. Тој го одредил текот на човечката историја, и продолжува да ја води истата и понатаму. Да кажеме, на пример, дека градиме една куќа. Правиме дизајни и проценуваме колку долго ќе ни треба за конструкцијата, каков вид на материјали ќе употребиме, колку челик и колку бетон ќе ни биде потребно, и колку многу столбови ќе бидат неопходни за изградбата. Па ако погледнеме на историјата како на куќата на Бога, тогаш неколку клучни личности делуваат како 'столбови' за домот Божји.

За да може да ја спроведе Својата промисла, Бог избрал неколку одредени личности, кои требало да им кажат на луѓето дека Бог навистина е жив Бог, и дека Небесата и Пеколот навистина постојат. Затоа Бог избрал таквите луѓе да послужат како столбови за Неговата куќа. И можеме да видиме дека тие се разликуваат од обичните луѓе, бидејќи си ги посветиле своите срца и својата страст кон Бога. Еден од нив бил Авраам.

Тој живеел пред некаде околу четири илјади години. Бил роден во Ур Халдејски. Ур бил антички Сумерски град, лоциран низводно и на западната страна од реката Еуфрат, во колевката на Месопотамската цивилизација.

Авраам бил толку многу сакан, ценет и признат од Бога, што бил нарекуван "пријателот на Бога". Го уживал правото на сите видови благослови Божји, вклучувајќи ги тука и децата, богатството, здравјето и долгиот живот. И не само тоа, туку како што Бог кажал во Битие 18:17, "Зар да го кријам од Авраама она што ќе го направам?" Бог јасно му ги откривал на Авраама сите настани што требало да се случат во иднината.

Бог ја смета верата за праведност и ги дава Своите

благослови

Што си мислите вие, дека Бог видел во Авраама, што толку многу Му угодувало, за да истури толку многу благослови врз него? Битие 15:6 гласи, "И му поверува Авраам на ГОСПОДА; сметајќи го тоа за праведност од Негова страна." Бог ја сметал Авраамовата вера за праведност.

Бог му рекол, "И му рече ГОСПОД на Аврама: „Излези од земјата своја, од родот свој, и од домот на таткото свој, па тргни кон земјата којашто ќе ти ја покажам; ќе направам од тебе голем народ, ќе те благословам, и ќе го прославам името твое, и ќе станеш благослов" (Битие 12:1-2). Бог не му рекол точно каде да оди, ниту пак му објаснил каква земја треба да очекува таму. Бог не му приложил детален план за тоа како ќе го живее својот живот, откако ќе го напушти својот роден град. Тој едноставно му рекол да си оди.

Што ако Авраам имал во себе телесни мисли? Очигледно е дека штом го напуштил татковиот дом, ќе стане скитник и талкач по светот. Тој веројатно примал потсмев од околината. Ако ги зел во обзир овие нешта, можеби не би бил во состојба да се покори на наредбата. Сепак, Авраам никогаш немал сомнеж во Божјите ветувања и благослови. Тој едноставно верувал во Него. Затоа можел безусловно да се покори и да замине, кога тоа било побарано од него. Бог знаел каков сад претставува Авраам, и затоа му ветил дека од него ќе настане голем народ. Бог исто така му ветил дека и самиот тој ќе стане благослов за другите луѓе.

Бог исто така му ветил на Авраама во Битие 12:3, "Ќе ги благословам оние кои што ќе те благословуваат, и ќе ги проколнам оние кои што ќе те проколнуваат; и преку тебе ќе бидат благословени сите племиња на земјата." По тоа, кога Бог видел како Авраам се откажал од своето право и се жртвувал за својот внук Лот, Бог му пратил друго слово на благослов. Битие 13:14-16 гласи, "Кога Лот се одвои од Аврама, ГОСПОД му рече на Аврама: „Подигни ги очите свои, па погледни од местото каде што си сега, кон север и кон југ, кон исток и кон запад; затоа што целата земја што ја гледаш, тебе ќе ти ја дадам, и на потомството твое, довека. И ќе направам потомството твое да го има како правот на земјата." Бог исто така му ветил во Битие 15:4-5, "'...туку ќе те наследи твој потомок, кој што ќе произлезе од бедрото твое.' Па го изведе надвор и му рече: „Погледни кон Небесата и изброј ги ѕвездите, ако можеш да ги изброиш; и му рече: 'Толкаво ќе биде потомството твое!.'"

Откако му ги дал на Авраама овие соништа и визии, Тој го повел низ искушенија и испитанија. Зошто ни се потребни испитанијата? Да кажеме дека еден тренер избере некој атлет кој има големи потенцијали—доволно големи што можеби ќе ја претставува својата земја на Олимписките Игри. Но, тој не може веднаш автоматски да го добие златниот медал. Тој мора прво да истрпи и истрае поминувајќи низ безброј тренинг сесии, и да вложи огромен напор, за да може да го постигне својот сон.

Истото важело и за Авраама. Тој морал да се здобие со квалификациите и карактеристиките што му биле потребни, за да може да се исполни Божјото ветување, а тоа можело да се случи само откако тој ќе помине низ испитанија и тестови. Така, иако поминувал низ испитанија, Авраам само одговарал со "Амин" и не правел компромис со тоа што ќе ги вклучел и своите сопствени мисли. Исто така тој не ја барал својата сопствена корист, ниту се предавал на себичноста и омразаата, на огорченоста, на жалбите, тагата, љубомората, или зависта. Тој едноставно верувал во ветувањето Божјо за благослови, и безрезервно му се покорувал.

Тогаш Бог му дал дури уште едно ветување. Во Битие 17:4-6, Бог му рекол на Авраама, "Еве го заветот Мој кон тебе; ти ќе станеш татко на многу народи. Затоа повеќе нема да се викаш Аврам, туку името ќе ти биде Авраам, бидејќи ќе те направам татко на многу народи. Ќе те направам многу плодоносен; од тебе ќе настанат многу народи, и многу кралеви ќе произлезат од тебе."

Бог го создава квалитетниот сад преку испитанијата

Некои луѓе се молат на Бога, имајќи сонови што произлегуваат од алчноста. Па така, понесени од алчноста, тие можат да побараат од Бога да им даде добра работа, или богатство, што всушност не им одговара. Ако се молиме на таков начин, понесени од себичноста, нема да можеме да ги примиме одговорите од Бога (Јаков 4:3).

Затоа мораме да се молиме за соништата и визиите што доаѓаат од Бога. Ако ја поседуваме верата во Словото Божјо и му се покоруваме, Светиот Дух ни ги презема срцата и нѐ води, за да можеме да си ги исполниме своите сништа. Но ако го следиме водството на Светиот Дух, Кој што знае сѐ што треба да се случи во иднината, тогаш ќе можеме да ја доживееме силата на Бога. Ако си ги искинеме своите телесни мисли и Му се покориме на Христа, Светиот Дух презема и нѐ води.

Ако Бог ни даде сон, треба да го зачуваме во нашите срца. Не би требало да се жалиме заради тоа што тој сон не се остварува после еден ден, месец или година на постојана молитва. Бог, Кој што ни ги дава соништата и визиите, понекогаш нѐ поведува низ испитанија, за да направи повреди садови од нас, коишто ќе можат да ги исполнат тие сништа и визии. Кога ќе станеме луѓе кои што знаат како да Му се покорат на Бога преку ваквите испитанија, тогаш тоа е времето кога нашите молитви ќе добијат одговор. Но бидејќи Божјите мисли и човечките мисли се разликуваат помеѓу себе, мораме да сватиме дека сѐ додека не бидеме во состојба да ги скршиме нашите телесни мисли и да се покориме со вера, испитанијата ќе продолжат. Затоа мораме да запаметиме дека испитанијата ни се даваат за да можеме да ги примиме одговорите од Бога, па наместо да се обидуваме да ги избегнеме, треба да ги примаме со благодарност.

Бог го подготвува излезот, дури и преку испитанијата

Ако сме покорни личности, Бог ќе направи сите нешта да делуваат за наше добро. Тој секогаш ќе ни го дава патот по којшто ќе можеме да излеземе од тие испитанија. Во Битие, глава 12, можеме да прочитаме дека, по влегувањето во земјата Ханаанска, се случила голема глад, па Авраам отишол во Египет.

Поради тоа што неговата жена Сара била многу убава, Авраам се уплашил дека некој во Египет може да ја посака и затоа да го убие, за да ја преземе. Во тој период, таквите нешта биле навистина возможни, па Авраам ја претставил како своја сестра. Технички, Сара всушност и била негова полусестра, па тоа и не претставувало некоја лага. Но, во тој период верата на Авраама не била целосно културана до точката каде што би можел да се консултира со Бога за било што. Па така, тоа бил случај каде што тој се потпирал на своите телесни мисли.

Сара била многу убава, така што Египетскиот Фараон ја довел во својата палата. Авраам си мислел дека во таа ситуација би било најдобро ако ја претстави како своја сестра, но тоа предизвикало да ја изгуби својата жена. Преку оваа случка, Авраам научил голема лекција, и од тој момент натаму, тој сватил дека во сѐ треба да се потпира на Бога.

Како резултат на тоа, Бог фрлил големи страдања врз Фараонот и неговиот дом, поради Сара, и Фараонот веднаш му ја вратил на Авраама. Поради потпирањето на своите телесни мисли, Авраам морал да помине низ привремени тешкотии, но бил неповреден и се здобил со многу посед, како што биле овци, говеда, слуги и ослиња. Како што е запишано во Римјаните 8:28, "А знаеме дека на оние што Го љубоат Бога, и се повикани по Неговата волја, сѐ им содејствува за добро," за луѓето кои се покорни кон Него, Бог подготвува пат низ испитанијата, и останува со нив додека поминуваат низ нив. Тие можеби ќе чувствуваат тешкотии во некој момент, но на крајот ќе успеат да ги надминат тие тешкотии со помош на верата, и ќе ги примат благословите од Бога.

Да претпоставиме дека една личност го поминува својот живот ден за ден, врз основа на својата дневница. Ако таа ја запази светоста на Господовиот Ден, нејзиното семејство ќе гладува тој ден. Во таквата ситуација, личноста на верата ќе ѝ се покори на заповедта Божја и ќе ја запази светоста на Господовиот Ден, дури и ако тоа ќе значи гладување за тој ден. Дали таа личност и нејзиното семејство ќе бидат гладни? Се разбира дека не! Исто како што Бог ја испратил Небесната храна – мана, да ги нахрани Израелците, Тој со радост ќе ги нахрани и облече оние кои Му се покорни.

Затоа во Матеј 6:25, Исус рекол "Затоа ви велам не грижете се за својот живот, за тоа што ќе јадете или пиете; ниту за телото свое, за тоа што ќе облечете." Птиците на небото не сеат, ниту жнеат, ниту пак складираат храна некаде. Лилјаните од полето, ниту работат, ниту се вртат. Но Бог ги храни и облекува. Па зарем Бог нема да се грижи за Своите чеда, за оние кои што Му се покоруваат и ја следат Неговата волја, за да не доживеат тешкотии?

Бог благословува дури и преку испитанијата

Кога ќе погледнеме на оние личности кои што делувале во согласност со Словото Божјо, и кои се задржале на праведниот пат, можеме да видиме дека дури и среде испитанијата, Бог делува на тој начин, што сите нешта на крајот ќе делуваат за нивно добро. Иако можеби во моментот околностите им изгледаат тешки и страдални, на крајот, истите тие всушност ќе се претворат во благослови.

Кога било уништено Јужното Кралство Јудеја, Даниеловите три пријатела биле заробени во Вавилон. Иако им се заканувале дека ќе ги фрлат во огнената печка, тие не сакале да се поклонат на идолите, и не сакале да извршат компромис со светот, ниту за еден миг. Поради тоа што верувале во силата Божја, верувале дека и да бидат фрлени во печката, Бог ќе ги спаси. Па дури и да не бидат спасени, биле решени да ја запазат својата вера, и да не им се поклонат на идолите. Таква била верата којашто ја покажале. За нив, Законот Божји бил многу позначаен од законите на земјата.

Слушајќи за непокорот на овие три млади личности, кралот многу се налутил, и наредил да се подигне температурата на печката седум пати повеќе од вообичаеното. Даниеловите три пријатела биле врзани и фрлени во печката. Но, поради тоа што биле заштитени од страна на Бога, ниту едно влакно на главата не им било подгорено, и немало мирис на изгорено на нив (Даниел 3:13-27).

Даниел бил иста таква личност. Иако постоел декрет што

налагал дека секој кој што ќе се моли на друг бог, освен на кралот, ќе биде фрлен во лавовското дувло, Даниел решил да ѝ се покори единствено на волјата на Бога. Тој не го извршил гревот на престанување со молитвата, и следејќи си ја својата дневна рутина, тој продолжил три пати дневно да се моли на Бога, свртувајќи се со лицето кон Ерусалим. На крајот, Даниел бил фрлен во лавовското дувло, но Бог испратил ангели, кои што им ги затвориле устите на лавовите, па Даниел излегол неповреден од таму.

О, колку е убаво да се види како една личност не сака да направи компромис со светот, за да ја сочува својата вера! Праведните личности живеат само според верата. Ако Му угодувате на Бога со својата вера, Тој ќе ви одговори со Своите благослови. Дури и да бидете турнати до работа на губењето живот, ако се покорите и ја покажете својата вера сè до самиот крај, Бог ќе ви даде излез, и секогаш ќе биде со вас.

Авраам исто така бил благословен среде испитанијата низ коишто минувал. И не само тој, туку и луѓето кои што биле со него, ги примиле благословите поради него. Во денешно време, водата е многу скапоцено нешто, во Блискоисточниот регион, каде што е лоцирана државата Израел. Исто била скапоцено нешто и во времето на Авраама. Каде и да одел, водата ја имало во изобилство, па така, покрај него и неговиот внук Лот, исто така го добил благословот и добил во посед големо стадо овци и говеда, а и доста сребро и злато.

Во тие времиња, поседувањето голем број на говеда, значело храна во изобилство и големо богатство. Кога неговиот внук Лот бил заробен, Авраам повел 318 од своите обучени слуги, за да оди и да го спаси. Самиот овој настан ни укажува на тоа, каква и колку богата личност бил тој. Поради Авраама, кој што вредно му се покорувал на Словото Божјо, земјата и регионот во којшто пребивал, станувале благословени, па така и другите луѓе кои што биле со него, ги добивале благословите заради него.

Дури и кралевите од соседните земји не можеле ништо да му сторат на Авраама, бидејќи бил многу почитувана личност. Авраам ги примил сите видови на благослови, што една личност би можела да ги добие во текот на еден живот: слава и богатство, моќ, здравје и деца. Како што е запишано во Второзаконие, глава 28, Авраам бил таква личност, која што ги примала благословите кога ќе влегувала, и кога ќе излегувала. Исто така, како вистинско чедо Божјо, тој станал коренот на благословите, и таткото на верата. Понатаму, тој почнал да го сваќа длабокото срце на Бога, па Бог можел да го сподели Своето срце со него, и да го нарече 'пријател'. О, колку голема слава и благослов!

Карактерот на Авраамовиот сад

Причината поради која Авраам бил толку многу благословуван, лежела во тоа што имал добар 'карактер на сад'. Тој бил човек, кој што ја поседувал љубовта, опишана во 1 Коринтјани, глава 13, и ги носел деветте плодови на Светиот Дух во себе, како што е опишано во Галатјаните, глава 5.

На пример, Авраам делувал со добрина и љубов во сите нешта. Тој никогаш не мразел, ниту пак изразувал непријателство кон другите луѓе. Тој никогаш не укажувал на слабостите на другите луѓе, и се трудел да им служи на сите. Поради тоа што го поседувал плодот на радоста, без разлика низ какви испитанија можеби поминувал, тој никогаш не се лутел, ниту се разгневувал. Поради тоа што во целост имал доверба во Бога, тој можел во сите ситуации да се радува. Каква и да била ситуацијата, тој никогаш не реагирал понесен од своите емоции, ниту пак донесувал пристрасни одлуки. Тој бил трпелив, и секогаш го слушал само гласот на Бога.

Авраам исто така бил и милосрдна личност. Кога требало да се раздели од својот внук, Лот, иако бил постар од него, тој му го дал на Лота првенството да избира која земја сака да ја земе. Тој рекол "Ако одиш налево, јас ќе одам надесно. Ако одиш надесно, јас ќе одам налево," и му дозволил на Лота, да ја избере подобрата земја. Повеќето луѓе би си помислиле дека една личност која што има повисока социјална позиција или ранг, би требало да го добие правото на избор. Но, Авраам бил таков човек, кој што им попуштал на другите, и им служел и се жртвувал за нив.

Исто така, бидејќи Авраам си го искултивирал своето срце во срце со духовна добрина, кога Лот за малку бил уништен заедно со земјата Содомска, тој посредувал во негово име (Битие 18:22-32). Како резултат на тоа, добил ветување од Бога дека Тој нема да го уништи градот ако во него се најдат барем десет праведни луѓе. Но, во Содом и Гомора не можеле да се најдат ниту десет праведни луѓе, и затоа биле уништени. Но дури и тогаш, Бог сепак го спасил Лота, поради Авраама.

Како што е запишано во Битие 19:29, "И така Бог, додека ги разурнуваше градовите во рамнината, се сети на Авраама, па среде уништувањето, го испрати Лота надвор од градовите каде живееше," Бог го спасил Авраамовиот сакан внук, Лот, за да не го растажи неговото срце.

Авраам бил верен на Бога сé до точката кога бил спремен да го жртвува својот единствен син, Исак, кого го добил на стогодишна возраст. Било во учењето на својот син, или во односите со своите слуги и блиски, тој бил толку совршена и верна личност во сиот Божји дом, што дури можел да биде сметан за безгрешен. Тој никогаш не се конфронтирал со никого набрзина; и секогаш бил мирољубив и љубезен. Тој им служел и им помагал на другите, носејќи го во себе преубавото срце. И тој имал толку многу самоконтрола, што, било што и да правел, никогаш не делувал несоодветно, ниту поминувал некои линии на цивилизираност.

Делувајќи на тој начин, Авраам во целост ги понел сите девет плодови на Светиот Дух, што никогаш немал недостаток од ниеден од нив. Воедно имал и многу добро срце. Пред сѐ тој имал толку многу добри карактеристики на својот сад. Сепак, станувањето благословена личност, каква што бил Авраам, не е воопшто тешко. Единствено што треба да направиме, е да го имитираме него. Бидејќи Семоќниот Бог е нашиот Отец, зошто не би ни одговорил на нашите молитви и барања, кога ние сме Неговите чеда?

Процесот на станувањето како Авраам, не би требало воопшто да е тежок. Единствениот тежок дел би бил, ако нашите сопствени мисли први нѐ водат по патот. Ако во целост имаме доверба и се потпираме на Бога, покорувајќи Му се во целост, тогаш Богот на Авраама, ќе се погрижи за нас и ќе нѐ поведе по патот на благословите!

Речник и објаснување на концептите

Покорноста и благословите на Ное, праведниот човек

"А ове е родословието на Ное: Ное беше праведен и непорочен човек од своето време, кој што чекореше со Бога. На Ное му се родија три сина: Шем, Хам и Јафет" (Битие 6:9-10).

Првиот човек, Адам, поминал долг временски период во Градината Еденска. Но, откако го извршил гревот, бил изгонет од Градината Еденска и подоцна почнал да живее на Земјата. По околу 1000 години, Ное бил роден како потомок на Сет, човекот што имал високо почитување за Бога. Ное, кој што исто така бил потомок на Еноха, научил од учењата на својот отец Ламех, и дедо Метузалем, и израснал како човек на вистината, среде многу грешниот свет. Поради тоа што сакал да Му го даде на Бога сиот свој имот, тој го одржал своето срце чисто и дури не се ни оженил сè додека не сватил дека Бог има специјален план за него. Па така, на петстогодишна возраст, Ное се оженил и зачнал свое семејство (Битие 5:32).

Ное знаел за судот на потопот и дека процесот на човечката култивација ќе започне одново, токму преку него. Затоа си го посветил својот живот на почитувањето на волјата Божја. Тоа била причината поради која Бог го избрал Ное, кој што бил праведен човек, и кој што со сето срце Му се покорувал на Бога, да ја изгради барката, без да размислува или резонира за тоа, или пак да бара изговори.

Духовната симболика на Ноевата барка

"Затоа направи си барка од гоферово дрво; и направи прегради во неа, а потоа намачкај ја со смола одвнатре и однадвор. А изгради ја на овој начин: 'Должината на барката нека ѝ биде триста лакти, широчината нејзина нека ѝ биде педесет лакти, а височината триесет лакти'. Направи ѝ прозорец и засводи го на еден лакот одозгора, отстрана стави врата на барката, и направи три ката во неа: долен, среден и горен" (Битие 6:14-16).

Ноевата барка била една грандиозна, масивна структура: 138 метри долга, 23 метри широка, и 14 метри висока, и била изградена пред околу 4500 години. Како резултат на влијанието од страна на луѓето од Градината Еденска, Ноевото знаење и вештина биле извонредни, а поради тоа што ја изградил барката во согласност со дизајнот даден од страна на Бога, Ное и неговото семејство од осум луѓе, како и различните видови на животни, можеле да преживеат за време на 40 дневниот Потоп, останувајќи во барката повеќе од една година.

Барката е духовен симболизам за Словото Божјо, а влегувањето во неа, го претставува спасението. Трите нивоа во барката го означуваат Светото Тројство—Богот Отецот, Богот Синот и Светиот Дух—кои ќе ја завршат историјата на човечката култивација.

Планината Арарат, каде што Ноевата барка се спуштила

Судот на поплавата, којшто се случил среде правдата Божја

"И му рече ГОСПОД на Ное: 'Влезете ти и сето твое семејство во барката, затоа што видов дека единствено ти си праведен пред Мене, во ова време'" (Битие 7:1).

"'Затоа што седум дена од сега, ќе пуштам дожд да паѓа на земјата, во текот на четириесет дена и четириесет ноќи; и ќе го збришам од лицето на земјата, секое живо суштество што сум го создал.' И Ное направи сѐ што ГОСПОД му заповеда" (Битие 7:4-5).

Бог им дал на луѓето голем број на можности да се покаат пред да се случи Потопот. За време на сите години додека ја завршувал барката, Бог му кажал на Ное да ја прогласува Неговата порака на покајание, до луѓето, но единствените кои верувале и се покориле, било семејството на Ное и тој самиот. Влегувањето во барката означува дека треба да ги оставиме зад нас сите световни работи коишто ги сакаме, и да ги отфрлиме од себе.

Иако луѓето имале отидено предалеку за да можат да се одвратат од своите грешни патишта, Бог сепак им дал време од седум дена, кое требало да го искористат за покајание и да го избегнат судот. Тој не сакал да ги види како се соочуваат со судот. Со Своето срце преполно со љубов и милост, Тој им ја пружал шансата сѐ до самиот крај. Но, ниту една личност не се покајала, ниту зачекорила во барката. Всушност, тие почнале уште пожестоко да извршуваат гревови! На крајот паднале во Судот на Потопот.

Во врска со Судот

"... за суд, затоа што е осуден кнезот на овој свет."

(Јован 16:11)

"ГОСПОД им суди на луѓето; суди ми и мене, О ГОСПОДИ, согласно со правдата моја и според чесноста што е во мене." (Псалм 7:8)

"А велиш, 'Невина сум; сигурно Неговиот гнев се одврати од мене.' Еве Ме, да ти судам, затоа што кажуваш, 'Не сум згрешила.'" (Еремија 2:35)

"А јас ви велам дека секој кој што се гневи на братот свој без причина, ќе биде виновен пред судот; а кој ќе му рече на братот свој, 'Празноглавец,' ќе биде виновен пред врховниот суд; и кој ќе рече, 'Будала,' ќе биде виновен и осуден за во огнениот Пекол." (Матеј 5:22)

"... и оние кои што правеле добри дела ќе воскреснат за живот, а оние кои што правеле зло, ќе воскреснат за осуда." (Јован 5:29)

"И како што на луѓето им е одредено еднаш да умрат, а потоа доаѓа судот," (Евреите 9:27)

"Затоа што судот нема милост кон оној, кој не покажува милост; милоста слави победа над судот." (Јаков 2:13)

"И ги видов мртвите, големи и мали, како стојат пред престолот, и се отворија книжните свитоци; и друг свиток се отвори, којшто беше Книгата на животот; и судени беа мртвите според запишаното во свитоците, според делата нивни." (Откровение 20:12)

Глава 11

Гревот на непокорност кон Бога

"На Адама пак му рече: 'Бидејќи го послуша гласот на жената своја, и јадеше од плодот на дрвото, за коешто ти заповедав, кажувајќи ти, 'Не смееш да јадеш од него!'; затоа земјата проклета ќе биде за тебе; со мака ќе се храниш од неа, сé до крајот на животот свој. Трње и троскот ќе ти раѓа, а ти ќе јадеш трева од полето; Со пот на лицето свое ќе јадеш леб, сé додека не се вратиш во земјата од која си земен; затоа што си земна прашина, и во земна прашина ќе се вратиш.'"
(Битие 3:17-19)

Голем број на луѓе кажуваат дека животот е големо страдање. Библијата ни покажува дека самото раѓање на овој свет, и живеењето живот во него, е страдање. Во Јов 5:7, Елифаз му рекол на Јова, кој што бил во неволја, "Туку човекот за страдање се раѓа, исто како што и искрите нагоре летаат." Личноста која што малку страда за да направи за живот, и личноста која многу страда да направи за живот, имаат различни проблеми во животот. Откако една личност ќе одработи напорно за некоја одредена цел, и таа цел ќе изгледа дека е веќе на дофат, залезот на животот ќе почне да се случува. Кога ќе дојде времето за тоа, дури и најздравата личност ќе ја доживее смртта.

Ниту една личност не може да ѝ избегне на смртта, па ако погледнете на тоа, животот изгледа како една минлива магла, или како високиот облак на небото. Па тогаш што е причината поради која луѓето мораат да се соочат со многу видови на испитанија, во своето "глувчешко тркало" на животот? Првата и изворна причина е во гревот на непокорот кон Бога. Преку Адама, Саула и Каина, можеме во детали да го видиме резултатот на извршување на гревот на непокор кон Бога.

Адам, човекот создаден според ликот на Бога

Богот Создателот го создал првиот човек, Адам, според Својот Сопствен лик, и му го вдишал животот во ноздрите, па тој станал живо битие, или жив дух (Битие 2:7). Бог засадил градина на исток, во Еден и таму го сместил човекот. Потоа рекол, "И му заповеда ГОСПОД Бог на човекот, кажувајќи му: Од секое дрво во Градината можеш слободно да јадеш; но од дрвото за познавањето на доброто и на злото не јади; затоа што на денот кога ќе вкусиш од него, сигурно ќе умреш" (Битие 2:16-17).

Па гледајќи дека не е добро за Адама да биде сам, Бог земал едно од неговите ребра и ја создал Ева. Бог ги благословил и им рекол да бидат плодни и да се множат. Воедно им го дал и владението над рибите морски, птиците небесни и над сите живи суштества што се движат на земјата (Битие 1:28). Примајќи го овој голем благослов од Бога, Адам и Ева имале изобилство храна, имале голем број на потомци и воделе просперитетен живот.

На почетокот, исто како и новороденчето, Адам немал ништо регистрирано во својот ум. Тој бил целосно празен. Но, Бог чекорел со Адама и го поучувал на многу нешта, за да може да го живее животот како господар над сите созданија. Бог го поучил Адама за Него Самиот, за универзумот, и за духовните закони. Бог исто така го поучил и за тоа како да го живее животот на духовен човек. Тој му го дал знаењето за доброто и злото. Голем број на години Адам ги почитувал зборовите на Бога, и живеел долг живот во Градината Еденска.

Адам изел од забранетото овошје

Се случило така, што непријателот ѓаволот и Сатаната, владетелот на воздохот, ја поттикнал змијата, која била најитрата од сите животни, да ја искуша Ева преку неа. Змијата, која што била поттикната од страна на Сатаната, знаела дека Бог му рекол на човекот, дека не смее да јаде од плодот на дрвото што се наоѓало во центарот на Градината Еденска. Но за да ја искуша Ева, змијата ја прашала, "Но змијата беше поитра од сите животни полски, што ГОСПОД Бог ги создаде. И ѝ рече на жената: Навистина ли Бог рекол да не јадете од ниедно дрво во Градината?" (Битие 3:1)

Како одговорила Ева на тоа прашање? Таа кажала, "А жената ѝ кажа на змијата: Можеме да јадеме од плодовите на било кое дрво во Градината, Само за плодовите на дрвото што се наоѓа среде градината Бог ни рече: 'Не јадете од него, и не допирајте го, инаку ќе умрете'" (Битие 3:2-3, НКЦВ). Бог специфично нагласил, "на денот кога ќе вкусиш од него, сигурно ќе умреш" (Битие 2:17). Зошто Ева го сменила Словото Божјо во "инаку ќе умрете"? "Инаку" означува "од страв дека". Овие зборови означуваат дека во Словото не постоела апсолутност. "Имањето страв од умирање" и "сигурното умирање" се разликуваат помеѓу себе. Тоа докажува дека таа, Ева, не го врежала Словото Божјо во своето срце. Нејзиниот одговор докажува дека таа не ја поседувала апсолутната вера во фактот дека тие "сигурно ќе умрат".

Итрата змија не ја пропуштила оваа можност и веднаш ѝ се впуштила, "Тогаш змијата ѝ рече на жената: Не, нема сигурно да умрете! Туку Бог знае дека дента кога ќе вкусите од плодовите, ќе ви се отворат очите, и вие ќе станете како богови, и ќе знаете што е добро, а што зло" (Битие 3:4-5). Не само што змијата лажела, туку веќе ѝ всадила алчност на Ева! И поради тоа што змијата ѝ ја всадила алчноста во умот на Ева, дрвото за познавањето на доброто и на злото, за кое Ева никогаш не помислила да го допре, или дури да му се доближи, наеднаш почнало да ѝ изгледа добро, а плодот вкусен. Всушност ѝ изгледало толку добро, што можело да направи некого мудар! На крајот, Ева пробала од забранетото овошје, и му дала и на својот маж да проба од него.

Резултат на Адамовиот грев, не непокорот кон Бога

Така Адам, родоначалникот на човештвото, искажал непокор кон Божјата заповед. Затоа што Адам и Ева не го врежале цврсто Словото Божјо во своите срца, паднале во искушението на непријателот ѓаволот и Сатаната, и ја прекршиле Божјата заповед. Па така, токму како што Бог им рекол, Адам и Ева морале 'сигурно да умрат'.

Но, како што е запишано во Библијата, можеме да видиме дека тие не умреле веднаш. Тие всушност живееле уште голем број години и изродиле уште многу деца. Кога Бог рекол, "Сигурно ќе умрете," не мислел само на обичната физичка смрт, каде што личноста престанува да дише. Тоа се однесувало на фундаменталната смрт, што е всушност смртта на духот. Изворно, човекот бил создаден со дух којшто можел да комуницира со Бога, душа којашто била контролирана од духот, и тело, коешто служело како скинија за духот и душата (1 Солунјани 5:23). Па така, кога човекот ја прекршил Божјата заповед, неговиот дух, којшто е негов господар, умрел.

И поради тоа што човечкиот дух умрел како резултат на гревот на непокорот кон Бога, неговата комуникација со Бога била прекината, па тој не можел повеќе да живее во Градината Еденска. Тоа се должи на фактот што грешникот не може да коегзистира заедно со Бога во Неговото присуство. Тоа бил моментот кога започнале тешкотиите за човештвото. Болките и страдањата во текот на раѓањето ѝ биле многу зголемени на жената; нејзината желба и копнеж била насочена кон својот маж, и тој станал нејзин господар. А човекот морал да ја добива својата храна од земјата низ голем напор и страдање, поради клетвата којашто била фрлена врз него (Битие 3:16-17). Сите созданија биле проколнати заедно со Адама, и морале да страдаат заедно со него. Како врв на сето тоа, сите потомци Адамови, кои се раѓале во неговиот родослов, исто така се раѓале како грешници, и биле насочени кон патот на смртта.

Причината поради која Бог го ставил дрвото на познавањето на доброто и на злото

Некој може да праша, "Дали Семоќниот Бог не знаел дека Адам ќе проба од забранетото овошје? Ако знаел, зошто тогаш го ставил истото во Градината Еденска, и му дозволил на Адама да го изрази непокорот? Кога забранетото дрво не би постоело, нели тоа би го спречило Адама да го изврши тој грев?" Сепак, ако Бог не го засадил забранетото дрво во Градината, тогаш Адам и Ева не ќе можеле да ја доживеат благодарноста, радоста, среќата и љубовта? Божјата намера во ставањето на забранетото дрво во Градината Еденска, не било да нѐ наведе кон патот на смртта. Тука се гледа промислата Божја, да нѐ поучи на релативноста.

Поради тоа што сѐ во Градината Еденска е дел од вистината, луѓето од Градината не можеле да сватат што претставува невистината. Поради тоа што невистината не постоела таму, луѓето не можеле да знаат што е омраза, страдање, болести, или смрт. Па така релативно зборувајќи, луѓето таму не можеле вистински да дознаат што значи да се води среќен живот, дури и да го доживеат. Поради фактот што никогаш немале почувствувано несреќа, не знаеле што значи да се биде вистински среќен и вистински несреќен. Затоа било неопходно да се засади дрвото на познавањето на доброто и на злото.

Бог сакал да има вистински чеда Божји, кои ќе сваќаат што значат вистинската љубов и среќа. Ако првиот човек Адам знаел што значи вистинската среќа, кога бил во Градината Еденска, како би можел да искаже непокор кон Божјата заповед? Затоа Бог го засадил ова дрво на познавањето на доброто и на злото во Градината, и ги култивира луѓето тука на Замјата, за да може човекот да ја свати релативноста на нештата. Преку овој процес на култивација, човекот ги доживува и триумфот и поразот, доброто и злото, сето тоа низ релативноста. Единствено кога човекот ќе научи за вистината преку овој процес, ќе може вистински да ја свати љубовта Божја, од дното на своето срце.

Начинот да се ослободиме од проклеството предизвикано од гревот

Додека Адам живеел во Градината Еденска, тој Му се покорувал на Бога и учел за добрината од Него. Но откако го извршил непокорот, неговите потомци станале робови на непријателот ѓаволот, и станале сѐ повеќе и повеќе извалкани со злото, како што поминувале генерациите. Како што сѐ повеќе поминувало времето, така луѓето станувале сѐ позли во своите срца. Не само што биле родени со изворниот грев што го наследиле од своите родители, туку исто така сѐ повеќе врежувале грев во своите умови, како што растеле и учеле од она што го виделе и чуле. Бог знаел дека Адам ќе проба од забранетото овошје. Тој знаел дека целиот свет ќе стане исполнет со грев. Исто така знаел дека човештвото ќе тргне по патот на смртта. Затоа Го подготвил Спасителот, Исус Христос, уште од пред почетокот на времињата. Кога дошол одредениот миг за тоа, Тој Го испратил Исуса на овој свет.

За да може да ги поучи луѓето за волјата Божја, Исус го ширел Евангелието за Кралството Небесно и изведувал знаци и чудеса. Потоа бил закован на крстот, и ја пролеал Својата скапоцена света крв, за да ја плати цената за гревовите на целото човештво. Затоа, секоја личност која што ќе го прифати Исуса Христа, го добива Светиот Дух на дар. Тоа е начинот на којшто бил отворен патот на спасението за оние кои што ја отфрлиле невистината и живееле живот во вистината, следејќи го водството на Светиот Дух. Ако луѓето повторно го откријат ликот Божји, што некогаш го изгубиле, и ако Го почитуваат Бога и ги запазуваат Неговите одредби, што ја претставува целосната должност на човекот (Еклизијаст-Проповедник 12:13), тогаш ќе можат да уживаат во сите благослови што Бог ги има подготвено за нив. Ќе можат да уживаат не само во богатството и здравјето, туку и во вечниот живот, во вечниот благослов.

Како што е објаснето, кога ќе навлеземе во Светлината, ќе можеме да се ослободиме од јамката на проклетството на гревот. О, колку смирено ќе може да стане срцето наше, откако ќе се покаеме и исповедаме, ќе ги отфрлиме нашите гревови и ќе се одлучиме да ги живееме своите животи во согласност со Словото Божјо! Кога веруваме во Словото Божјо и ја примаме молитвата, ќе можеме да видиме како се ослободуваме од болеста, тешкотиите, искушенијата и страдањата. На Бога Му се угодни Неговите чеда, кои што Го прифаќаат Исуса Христа, и кои што ги живеат своите животи во праведноста, па затоа ги ослободува од сите проклетства.

Резултат на Сауловиот грев на непокорност кон Бога

Саул станал првиот крал заради тоа што Израелците барале да добијат крал. Тој бил од племето Венјаминово, и не постоел никој друг кој што бил толку елегантен и љубезен, како него. Во одредениот момент за тоа, Саул бил помазан за крал, а бил многу скромна личност, која се сметала себеси за помалку вредна од другите. Но откако станал крал, малку по малку, Саул почнал да ја прекршува заповедта Божја. Тој дури и ја понизил позицијата на првосвештеникот и направил безумно дело (1 Самоил 13:8-13), конечно извршувајќи го гревот на непокорот.

Во 1 Самоил, глава 15, Бог му кажал на Саула целосно да ги уништи Амалкијците, но тој не го испочитувал тоа. Причината зошто Бог му кажал целосно да ги уништи Амалкијците, е запишана во Исход, глава 17. Додека Израелците оделе кон Земјата Ханаанска откако излегле од Египет, Амалкијците им објавиле војна.

Поради таа причина, Бог од Небесата ветил дека целосно ќе го избрише сеќавањето на Амалик (Исход 17:14), и затоа што Бог не се колеба, Тој испланирал да го изврши ветувањето по стотици години, во времето на Саул. Преку Пророкот Самоил, Бог заповедал, "Сега оди и удри на Амалик, и изврши целосно уништување на сè што поседува и не поштедувај го; погуби ги мажите и жените, децата и доенчињата, говедата и овците, камилите и ослиците негови" (с. 3).

Сепак, Саул не се покорил на Божјата заповед. Тој го довел кралот Агаг како заробеник, и со него ги повел најдобрите овци, осли, утовени телиња, јагниња и сè што било добро. Тој сакал да им го покаже на луѓето пленот што го заробил, за да добие пофалба од нив. Саул го направил она, што тој си мислел дека е исправно, и покажал непокор кон Бога. Пророкот Самоил му објаснил на начин, на којшто тој би можел да свати, но Саул сепак не се покајал, туку побарал изговори за своето делување (1 Самоил 15:17-21). Саул кажал дека го направил тоа, за со избраните овци и говеда да Му понуди жртва на Бога.

Што мислите вие дека Бог кажал за ваквиот грев на непокор? 1 Самоил 15:22 гласи, "Знај, непокорот е ист како гревот на вражањето, а самоволието е исто со беззаконието и идолопоклонството." Гревот на непокорот е ист со гревот на вражањето и идолопоклонството. Вражањето е смртен грев, којшто подложи на Божјиот суд, а идолопоклонството е грев, којшто Му е одвратен на Бога.

Конечно на крајот, Самоил го прекорил Саула, "Затоа што го отфрли Словото ГОСПОДОВО, Тој ќе те отфрли тебе, да не бидеш повеќе крал" (1 Самоил 15:23). Но, Саул сепак не се покајал. Наместо тоа, за да го задржи добриот имиџ, тој го замолил Самоила да му оддаде почит пред неговите луѓе (1 Самоил 15:30). Што може да биде построшно и потажно од чинот на отфрлањето од страна на Бога? Но, тоа не се однесува само на Саула. Истото се однесува и на нас денес. Ако го прекршиме Словото Божјо, нема да можеме да ги избегнеме последиците на таквиот грев. Истото се однесува и на нашите народи и семејства.

На пример, ако еден слуга не го испочитува барањето на

кралот, и делува според својот каприц, ќе биде приморан да ја плати казната за ваквиот свој грев. Ако во семејството, едно дете покаже непокор кон своите родители и тргне по погрешен пат, колку ли тоа ќе ги растажи неговите родители? Поради тоа што непокорот го прекршува мирот, по него следат болката и страдањата. Како резултат на Сауловиот непокор кон Бога, не само што ги загубил својата чест и моќ; туку и бил измачуван од лошите духови, за на крајот да умре на бојното поле, доживувајќи мизерен крај.

Резултат на Каиновиот грев на непокорност кон Бога

Во Битие, глава 4, можеме да прочитаме дека Адам имал два сина, Каин и Авел. Каин бил земјоделец, а Авел бил овчар. Потоа Каин Му принел жртва на Бога, од она што го произведувал од земјата своја, а Авел Му ги понудил на Бога првенците од стадото свое, и салото од нив. На Бога Му била поугодна жртвата од Авела, и не Му се допаднала онаа од Каина.

Кога Адам бил изгонет од Градината Еденска, Бог му рекол дека ќе мора да принесува жртви, користејќи ја крвта од животните, за да добие простување (Евреите 9:22). Адам специјално ги поучил своите синови за методот на принесување жртва во крв, па така и Каин и Авел многу добро знаеле каква жртва Бог очекува, заради простување на гревовите. Авел имал добро срце, па затоа се покорил и го направил токму она на што бил поучуван, и ја принел жртвата на начинот кој Му е угоден на Бога. Но Каин, од друга страна, принел жртва во согласност со своите размислувања и состојба. Затоа Бог ја прифатил жртвата од Авела, а не онаа од Каина.

Истото се однесува и на нас денес. На Бога Му се угодни

нашите обожувања, кога ги правиме со сето свое срце, ум и посветеност во духот и вистината. Но, ако Го обожуваме Бога во согласност со нашите каприци, и ако чекориме по патот на Христијанството само заради нашата сопствена корист, тогаш немаме ништо заедничко со Бога.

Во Битие 4:7, Бог му кажал на Каина, "Ако правиш добро, нема ли да бидеш прифатен? Но ако не правиш добро, гревот лежи пред вратата, подготвен да нападне. Тој те влече кон себе, но ти мора да го надвладееш." Бог се обидувал да го просветли Каина, за да не го изврши гревот. Но Каин не можел да го надвладее гревот и на крајот го убил својот брат.

Ако Каин имал добро срце, тој би се одвратил од своите грешни патишта, и заедно со својот брат би принел жртва, којашто би Му била угодна на Бога, и не би имало никаков проблем. Но, поради своето зло, тој тргнал спротивно од волјата на Бога. Тоа ги изродило љубомората и убиството, телесните дела, и како резултат на судот, врз него паднала клетвата. На крајот Бог му рекол на Каина, "И затоа сега проколнат си од земјата, којашто ја отвори устата своја за да ја прими крвта на братот твој, пролеана од твојата рака. Кога ќе ја обработуваш земјата, таа веќе нема да ти дава изобилен род; а ти ќе станеш бегалец и скитник, кој што талка по неа," и од тогаш, Каин станал бегалец, кој постојано бил во бегство (Битие 4:11-12).

Значи од примерите на првиот човек Адам, кралот Саул и Каин, научивме колку тежок грев е да се искаже непокор кон Бога, и какви големи испитанија и страдања ќе следат по таквиот грев. Кога еден верник, кој што добро го познава Словото Божјо, ќе го направи гревот на непокорот кон Словото, тогаш тоа е исто како да искажува непокор кон Бога. Ако еден верник не го прима благословот на просперитетот во сите области од животот, тогаш тоа значи, на еден или друг начин, дека извршил некаков грев против Бога.

Затоа мораме да го срушиме ѕидот на гревот што стои помеѓу Бога и нас. Бог Го испратил Исуса Христа и Словото на вистината на овој свет, за да му даде вистински живот на човештвото, коешто живеело среде страдањата поради гревовите. Ако не го живееме својот живот во согласност со Словото на вистината, резултатот ќе биде само еден – смрт.

Мораме да го живееме својот живот во согласност со учењето на Господа, што води кон спасението, вечниот живот, добивањето одговори на молитвите, и изобилство благослови. Не смееме да го извршиме гревот на непокорот, така што постојано ќе се проверуваме себеси за гревот, покајанието и почитувањето на Словото, за да можеме да го примиме целосното спасение.

Глава 12

"Ќе го избришам човекот од лицето на земјата"

"И Бог виде дека нечесноста на човекот беше голема на земјата; и виде дека секоја мисла и намера во срцето негово, беше постојано насочена кон зло. И ГОСПОД зажали што ги беше направил луѓето на земјата, па се натажи во срцето Свое. И рече ГОСПОД: „Ќе ги избришам од лицето на земјата, луѓето што сум ги создал; заедно со животните, влекачите и птиците во воздухот; затоа што се покајав, што ги создадов.' Но Ное најде милост во очите на ГОСПОДА. А ове е родословието на Ное: Ное беше праведен и непорочен човек од своето време, кој што чекореше со Бога."
(Битие 6:5-9)

Можеме да видиме во Библијата, колку биле големи гревовите на луѓето во времето на Ное. На Бога Му било навистина жал заради тоа што го создал човекот, што изјавил дека ќе го избрише од лицето на земјата, преку Судот на Потопот. Бог го создал човекот, чекорел со него, и ја истурил Својата изобилна љубов врз него, па тогаш зошто морал да донесе ваков суд врз луѓето? Ајде да ги истражиме причините поради кои Божјиот суд се спуштил врз луѓето, и како можеме да го избегнеме судот Божји, и наместо тоа, да ги примаме Неговите благослови.

Разликата помеѓу зла личност и добра личност

Кога имаме односи со луѓето, развуваме одредени чувства за нив. Понекогаш можеме да почувствуваме дали се зли, или добри личности. Во најголемиот дел, луѓето што израснале во добра средина и добивале соодветно учење, имаат помеки карактеристики и добри срца. Од друга страна пак, оние кои што израснале во тешки услови, виделе и доживеале многу зли нешта, кои отстапуваат од вистината, најверојатно ги поседуваат карактеристиките на изопаченост, и се наклонети кон злодела. Се разбира, постојат и оние личности кои што завршуваат со одењето по патот на невистината, иако израснале во добра средина, како и оние кои иако израснале во лоша средина, сепак завршиле како успешни личности со добро срце. Но колкав е бројот на луѓето кои што можеле да бидат израснати во добра средина, и да го примат соодветното образование, а воедно и да се трудат да го живеат животот во добрината?

Ако сакаме да најдеме некои примери за добри луѓе, можеме да ја сметаме за добра личност Девицата Марија, која што го родила Исуса Христа, и нејзиниот маж, Јосиф. Што направил Јосиф кога дознал дека Марија е трудна, иако не ја споделил постелата со неа? Согласно со Законот од тоа време, една личност која што извршила прељуба, требало да ја прими казната каменување до смрт. Но, Јосиф не сакал јавно да го објави тоа. Тој само сакал тивко да ја прекине свршувачката со неа. Од тоа се гледа колку добро срце поседувал тој!

Од друга страна пак, пример за зла личност би можел да биде Авесалом. Кога неговиот полубрат Амнон ја силувал неговата сестра, тој одлучил во срцето свое, да се здобие со одмазда. Па така, кога го начекал погодниот момент, Авесалом го убил Амнона. Тој исто така развил и огорченост кон својот татко, Давид, во врска со оваа работа. На крајот тој почнал бунт против својот татко. Сето тоа зло, на крајот резултирало со трагичната смрт на Авесалома.

Затоа Матеј 12:35 гласи, "Добриот човек од доброто сокровиште свое донесува добри нешта; а лошиот човек од лошото сокровиште свое донесува зли нешта." Кај голем број луѓе, како што растат, без разлика на нивните намери, злата природа се засадува во нив. Многу порано, иако не било така често, сепак постоеле некои луѓе кои што биле спремни да си го жртвуваат својот живот за својата земја, и за својот народ. Но, во денешно време и доба, многу е тешко да се најдат такви личности. Иако голем број на луѓе стануваат извалкани од злото, голем дел од нив дури и не сваќаат што е злото, и го живеат својот живот мислејќи си дека се во право.

Зошто доаѓа Судот Божји

Кога ќе погледнеме на тоа што е запишано во Библијата, или во историјата на човештвото, без разлика на временскиот период, кога гревовите на човештвото го достигнувале својот зенит, а потоа ја преминувале таа точка, тогаш врз луѓето се спуштал строгиот суд Божји. Можеме да ги категоризираме Божјите судови во три главни категории.

Кога Божјиот суд ќе падне врз неверниците, тој може да падне и врз целата нација исто така, или врз некоја индивидуа. Постојат случаи кога Божјиот суд паѓа врз Неговите луѓе. Кога една нација во целост, ќе изврши гревови што ја надминуваат етиката на човештвото, тогаш врз целата нација се спуштаат големи страдања. Ако една индивидуа изврши грев што заслужува осуда, Бог сигурно ќе ја уништи. Кога Божјите луѓе извршувале некои престапи, тие морале да бидат дисциплинирани од страна на Бога. Тоа се случувало затоа што Бог ги сака Своите луѓе; па затоа дозволува врз нив да се спуштат испитанија и страдања, за да можат да научат нешто од своите грешки, и да се одвратат од грешните патишта свои.

Како Создател, Бог не само што управува со сите луѓе на светот, туку и како Судија, Тој исто така им дозволува на луѓето да го 'пожнеат она што го засеале'. Порано, кога луѓето не Го познавале Бога, ако со своето добро срце Го барале Бога, или се обидувале да го живеат животот во праведноста, Бог понекогаш им се покажувал во нивните соништа, и им дозволувал да видат дека Тој е жив.

Кралот Набуходоносор од Вавилонската Империја, не верувал во Бога, но Бог сепак му ги открил во неговите сништа, нештата што треба да се случат во иднината. Тој не Го познавал Бога, но бил доволно дарежлив да ја вадел елитата од луѓето кои биле заробени. Ги поучувал за Вавилонската цивилизација, па дури во некои случаи, поставувал некои од нив како клучни фигури во царството. Тој го правел тоа, затоа што во крајот на своето срце тој сепак Го признавал Единиот Бог. Па така, иако некоја личност не Го познавала Бога, ако се обидувала да го поседува праведното срце, Бог наоѓал начини да ѝ покаже дека Тој е живиот Бог, и ја наградувал во согласност со нејзините дела.

Обично кога неверниците ќе направеле некое зло, Бог не ги казнувал, освен ако тоа не било нешто што е многу зло и грешно. Тоа било така бидејќи таквите луѓе воопшто и не знаеле што претставува грев, и немале ништо заедничко со Бога. Тие биле нешто налик на нелегитимните чеда, гледано од духовен аспект. Тие на крајот ќе завршат во Пеколот, и веќе се осудени. Се разбира, ако нивните гревови го достигнале својот врв, и им нанесувале голема штета на другите луѓе, а делата нивни излегувале од контролата, без осврт на човечноста, тогаш иако немале ништо заедничко со Него, Тој не ги толерирал повеќе. Тоа е така, бидејќи Бог е судија, Кој што одредува што е добро, а што зло во целото човештво.

Дела 12:23 гласи, "Но ненадејно, во истиот миг, ангел Господов силно го удри, затоа што не Му оддаде слава на Бога, па изеден од црви, тој умре." Кралот Ирод бил неверник, кој што го убил Јакова, едниот од дванаесетте Исусови ученици. Тој воедно го затворил и Петра. Но кога се возгордеал мислејќи си дека е бог, Бог го удрил, црвите го изеле, и тој умрел. Некоја личност, дури и да не Го познава Бога, ако нејзините гревови надминат едно одредено ограничување, таа ќе прими суд сличен на овој.

Што се случува, ако личностите се верници? Кога Израелците обожувале идоли, оддалечувајќи се од Бога, и извршиле најразлични видови на зло, Бог не ги оставил така. Тој ги прекорил и поучил за нештата, преку пророкот што им го испратил, а кога сеуште не сакале да чујат, ги казнил за да се одвратат од своите грешни патишта.

Така е запишано во Евреите 12:5-6, "Сине Мој, не презирај го укорот од Господа, и не биди малодушен кога те казнува; затоа што Господ го казнува оној, кој што го сака, и го кара секој син кој што го прима." Бог интервенира кога Неговите сакани чеда грешат во своите постапки. Тој ги прекорува и казнува, за да можат да се покајат, да се одвратат од своите патишта, и да уживаат во благословените животи.

∗ Поради тоа што човечката злоба била многу голема

Причината поради која судот Божји се спуштил врз земјата, е во фактот што злобата на човештвото станала многу голема (Битие 6:5). Па како изгледа светот, кога злобата на луѓето е толку многу голема?

Како прво, тука е случајот кога луѓето, заедно како нација, ги натрупуваат злите нешта. Луѓето можат да станат едно со престставникот на народот, како на пример претседателот или премиерот, и заедно да натрупуваат гревови. Главен пример за такво нешто е озлогласената Нацистичка Германија, и Холокаустот. Целата Германска земја заедно работела со Хитлер, во уништтувањето на Евреите. Методот што го користеле за да ја постигнат оваа цел, бил навистина суров.

Според запишаната историја, околу 6 милиони Евреи, кои престојувале во Германија, Австрија, Полска, Унгарија и Русија, биле дивјачки убиени преку бруталните работни услови, тортурата, изгладнувањето и убиствата. Некои од нив умреле голи во гасните комори, некои биле живи закопани во дупки во земјата, а некои умреле како живи субјекти на експериментите со луѓе. Па каква била судбината на Хитлер и на Германија, кои ги спровеле овие зли дела? Хитлер самиот си го одзел својот живот, а Германија станала поразена нација, жигосана со вечната вина која ќе се поврзува со нејзиното име. Конечно, земјата била поделена на два дела, Источна и Западна Германија. Оние кои што биле виновни за извршувањето грозоморни воени злосторства, морале да си ги променат своите имиња и да се селат од едно место во друго. Ако биле фатени, обично ја добивале смртната казна.

Луѓето од времето на Ное, го примиле својот суд, исто така. Поради тоа што луѓето од тоа време биле толку многу исполнети со грев, Бог одлучил да ги уништи (Битие 6:11-17). Сè до денот на потопот, Ное извикувал кон луѓето дека ќе дојде судот, но никој не го слушал, сè до самиот крај. Всушност, сè до моментот кога Ное и неговата фамилија влегле во барката, луѓето сеуште се прејадувале и напивале, се женеле и препуштале на разни задоволства. Според Ное, дури и кога виделе дека почнал да паѓа дожд, луѓето сеуште не сваќале што се случува (Матеј 24:38-39). Како резултат на сето тоа, сите луѓе морале да умрат во потопот, освен Ное и неговата фамилија (Битие, глава 7).

Постои запис и од Авраамовото време во Библијата, за тоа како Бог го испратил долу судот на огнот и сулфурот, врз градовите Содом и Гомора, бидејќи биле преполни со грев (Битие, глава 19). Како дополнение на овие примери, можеме да видиме дека низ историјата на човештвото Бог спуштал долу најразлични судови на глад, земјотреси и зарази итн., врз нациите како целост, кога тие станувале целосно исполнети со гревот.

Следен е случајот со индивидуалното примање на суд, било да личноста верува во Бога или не, ако натрупала толку многу зло, што ѝ било судено во согласност со нејзините дела, коишто ги направила. Животот на една личност може да биде скратен, како резултат на нејзиното зло, или заради степенот на нејзиното зло, и да се соочи со трагичен крај во последните денови. Но, самото тоа што личностите умираат порано, не значи дека тие веќе го примиле судот; поради тоа што постоеле случаи како оние со Павле и Петар, кои биле убиени иако воделе праведни животи. Нивната смрт била исто така праведна смрт, па така во Небесата, тие ќе оддаваат светлина како сонцето. Постојат некои праведни личности од минатото, кои откако укажале на вистината на кралот, биле принудени да испијат смртоносен пијалок, којшто им го завршил животот. Во таквите случаи, нивната смрт не била резултат на судот поради гревот, туку претставувала праведна смрт.

Дури и во светот денес, било да се работи за нација или индивидуа, гревот на човештвото е многу голем. Поголемиот дел од човештвото не верува во Бога, како во Единствениот вистински Бог, и умовите им се преполни со нивните сопствени размислувања. Тие, или трчаат по некои лажни богови, идоли, или пак ги сакаат другите нешта повеќе од Бога. Сексот пред бракот веќе е вообичаено прифатен од сите, а движењата за легализацијата на геј и лезбејските бракови продолжува да напредува. И не само тоа, користењето на дрогите станува сè поголемо, се повеќе постојат борбите, непријателствата, омразата и корупцијата насекаде во светот.

Постои еден опис за последните времиња, даден во Матеј 24:12-14, "И заради многуте беззаконија, љубовта ќе олади кај многумина. Но оној, кој што ќе издржи до крај, ќе биде спасен. И ова Евангелие за Кралството ќе биде проповедано по целиот свет, за сведоштво на сите народи, и тогаш ќе дојде крајот." Таков е нашиот свет во овој момент.

Исто како што не можете да видите дали ви е извалкано телото, кога стоите во темница, поради големиот број на гревови во светот, луѓето го живеат својот живот во беззаконието, а не се ниту свесни дека нивните дела се беззаконити. Поради фактот дека нивните срца се толку исполнети со беззаконие, вистинската љубов не може да зачне кај нив. Недовербата, неверувањето, и сите видови на емоционални болки се толку распространети меѓу луѓето, што љубовта станала ладна. Како може Бог, Кој што е безгрешен и без вина, да продолжи да го гледа сето тоа?

Ако еден родител го сака своето дете, а тоа застрани и излезе од правиот пат, што би требало тој да направи? Тој ќе се обидува да го натера детето да се измени, и постојано ќе го опоменува. Но, ако детето сепак не сака ништо да слушне, родителот дури ќе го заврзе со ремен, за да не шета наоколу. Ако детето прави нешта, коишто се човечки неприфатливи, родителот може дури и да се откаже од него. Истото важи и за Бога Создателот. Ако гревовите кај луѓето се толку многу големи, што човекот веќе не се разликува од животните, Бог тогаш нема друга опција, освен да го спушти судот врз нив.

* Поради тоа што мислата на срцето е злобна

Кога Бог го спушта судот, Тој воедно тагува, не само затоа што гревот во светот е толку голем, туку и заради тоа што човечките мисли се исполнети со зло. Една личност која што има закоравено срце, воедно е исполнета и со зли мисли. Таа е алчна, и секогаш ја бара својата корист, не запирајќи пред ништо за остварување на своето богатство, а во себе постојано негува зли мисли. Ова важи и за нација, и за индивидуа. Може да се однесува дури и за верниците, исто така. Иако една личност се исповеда дека верува во Бога, ако во себе го складира Словото Божјо само како обично знаење, и не го спроведе во дело, тогаш таа продолжува со барањето корист само за себе, и затоа нема да може да има други мисли, освен мислите исполнети со зло.

Зошто Го обожаваме Бога и го слушаме Неговото Слово? Тоа значи да се делува во согласност со Неговата волја и да станеме праведни луѓе, какви што Бог сака да бидеме. Но постојат многу луѓе кои што извикуваат "Господе, Господе," а сепак не живеат според Неговата волја. Без разлика колку многу тврдат дека направиле работа за Бога, поради тоа што срцата им се полни со зло, тие ќе го примат судот; и таквите личности нема да влезат во Небесата (Матеј 7:21). Не запазувањето на заповедите Божји и Неговите одредби, претставува грев, а верата без дела, претставува мртва вера, па затоа таквите луѓе не можат да го примат спасението.

Ако го чуеме Словото Божјо, треба да го офрлиме злото од себе, и да делуваме во согласност со него. Тогаш, како што ќе ни напредува душата, ќе можеме да бидеме напредни и во сите аспекти од животот; и ќе го примиме благословот на доброто здравје. Тогаш болестите, испитанијата и страдањата нема да доаѓаат. Дури и да се случи да дојдат, тие ќе делуваат за доброто, и ќе бидат можност за добивање благослови.

Кога Исус дошол на овој свет, луѓето како што биле овчарите со добро срце, пророчицата Ана, Симеон, и други, го препознале бебето Исус. Сепак, Фарисеите и Садукеите, кои што се исповедале дека се строги почитувачи на Законот, и поучувале на Законот, не успеале да Го препознаат Исуса. Ако тие се потопиле себеси во Словото Божјо, тогаш добрината ќе влезела во нивните срца, и тие би биле во состојба да Го препознаат Исуса, и да Го прифатат. Но без да се сменат од дното на своите срца, тие биле фалбациски настроени и единствено се фокусирале на она што им изгледало свето однадвор. Затоа нивните срца им биле бесчувствителни и не можеле да ја сватат волјата на Бога, и не можеле да го препознаат Исуса. Затоа, зависноста од тоа колку добрина и колку зло имаме во своите срца, доведува до сосем различен крај.

Божјото Слово не може да се објасни со обичен и јасен јазик, само преку човечкото знаење. Некои луѓе кажуваат дека, за да можат да го дознаат точното значење на зборовите од Библијата, треба да го студираат Еврејскиот или Грчкиот јазик, и да се толкува изворниот текст. Зошто тогаш Фарисеите, Садукеите и Првосвештениците не можеле јасно да ја сватат Библијата—која била запишана во нивното време, на нивниот Хебрејски јазик—и зошто не успеале да Го познаат Исуса? Тое е така, бидејќи Словото Божјо е запишано според инспирацијата од Светиот Дух, и единствено може да биде јасно сватено, кога личноста е инспирирана од Светиот Дух, преку молитвата. Библијата не може едноставно да се протолкува преку буквалното значење на зборовите во неа.

Затоа, ако во своите срца ја имаме невистината, или страста на телото, страста на очите, или фалбациската гордост на животот, тогаш нема да можеме да ја откриеме волјата Божја, ниту да делуваме во согласност со неа. Луѓето во ова наше денешно време и доба, се толку многу зли, што одбиваат да поверуваат во Бога; и не само тоа, дури и да се исповедаат дека веруваат во Него, сеуште продолжуваат да делуваат во беззаконието и неправедноста. Значи да сумираме, тие не делуваат во согласност со волјата на Бога. Тое е показателот што ни укажува дека судот Божји е многу блиску.

* Поради тоа што секоја намера на срцето, секогаш е злобна

Причината поради која Бог мора да ни суди, лежи во тоа што секоја намера на човечкото срце, секогаш е зла. Кога имаме зли мисли, тогаш и плановите кои произлегуваат од такви мисли, се исто така злобни, а таквите мисли на крајот ги провоцираат злите дела. Помислете си само, колку зли планови се случуваат во денешното општество.

Можеме да ги видиме луѓето од клучните лидерски позиции на нацијата, како бараат големи суми за поткуп, или си создаваат резервни фондови за нелегални активности, и се впуштаат во разгорени караници и тепачки. Безскрупулозните методи за добивање прием во јавните позиции, воените скандали и сите други скандали на сите нивоа, се присутни на секојдневна база. Постојат некои деца кои го осмислуваат убиството на своите родители, за да можат да го земат семејното благо, а некои млади луѓе, развиваат различни зли шеми, за да добијат пари и да ги потрошат на разврат.

Дури и младите деца денес, создаваат некои зли планови. За да можат да добијат пари за коцкање на коцкарските машини, или да си купат нешто што го посакуваат, тие ги лажат своите родители, или дури и се оддаваат на кражби. Поради тоа што денес секоја личност е зафатена со своите потреби, секоја намера на срцето и секое делување, секогаш се само зли. Кога една цивилизација ќе доживее многу брз материјален напредок, општеството бргу се вовлекува во декадентна и хедонистичка култура. Тоа е точно тоа, што се случува во денешно време, исто како што било и во времето на Ное, кога гревот го достигнал своето највисоко ниво во светот.

Да се избегне Судот Божји

Луѓето кои што Го сакаат Бога, и оние кои што се духовно разбудени, постојано кажуваат дека враќањето на Господа е многу блиску. Во Библијата се запишани знаците на последните времиња, за коишто зборувал Господ, кои сѐ појасно и почисто почнуваат да се покажуваат. Дури и неверниците сѐ почесто кажуваат дека се наоѓаме во последните времиња. Еклизијаст-Проповедник 12:14 гласи, "Затоа што сите скриени дела, било добри или зли, Бог ќе ги изведе на суд." Затоа мораме да знаеме дека крајот е многу блиску, и дека мораме да се бориме против гревот сѐ до точката на пролевање крв, и отфрлајќи ги сите форми на зло, да станеме праведни личности.

Оние кои што Го прифаќаат Исуса Христа и чии имиња се запишани во Книгата на Животот, ќе го добијат вечниот живот на Небесата, и ќе уживаат во вечните благослови. Наградите што ќе ги добијат, ќе бидат во согласност со нивните дела, па така некои ќе бидат сместени на позициите сјајни како сонцето, а некои на позициите со сјајот на месечината, додека други пак на позициите со сјајот на ѕвездите. Од друга страна пак, откако ќе заврши Судот на Големиот Бел Престол, оние чии што мисли и срца биле зли, оние чии што намери биле зли, и кои одбиле да Го прифатат Исуса Христа, ниту верувале во Бога, ќе добијат вечно страдање во Пеколот.

Па така, ако сакаме да го избегнеме судот Божји, како што е запишано во Римјаните 12:2, мораме да вложиме напори да не се сложуваме со светот, кој што е преполн со секаква расипаност и гревови. Треба да си ги обновиме своите срца и да се трансформираме себеси, за да можеме да дешифрираме што е добрата, угодна и совршена волја, и да делуваме во согласност со неа. Како што Павле се исповедал, "Секојдневно умирам," и ние мораме да Му се покориме на Христа, и да ги живееме своите животи во согласност со Словото Божјо. На тој начин, нашите души ќе можат да напредуваат, и ние ќе бидеме во можност секогаш да имаме добри мисли, и да делуваме во добрината. Тогаш ќе можеме да напредуваме во сите аспекти на нашите животи, и ќе имаме добро здравје, за на крајот да уживаме во вечните благослови на Небесата.

Глава 13

Не одете против Неговата волја

"Корej, синот Исаров, синот Каатов, синот Левиев, со Датан и Авирон, синовите Елијавови, и Авнан синот Фалетвов, Рувимовите потомци, се дигнаа против Мојсеја, заедно со двесте и педесет синови Израелеви, главатари на заедницата, угледни во собранието и познати луѓе. Тие се собраа околу Мојсеја и Арона, велејќи им, "Вие ја поминавте мерката, сета заедница, сите синови нејзини, се свети, ГОСПОД е и среде нас; Зошто тогаш вие се поставувате себеси над народот ГОСПОДОВ?"
(Броеви 16:1-3)

"Како заврши со кажувањето на овие зборови, земјата се распука под нозете нивни; и земјата ја отвори утробата своја, и ги проголта задно со семејствата и домовите нивни, со сите Корееви луѓе, и сиот имот нивен. И слегоа тие живи во Адот, со сè што беше нивно, и земјата ги покри, и ги снема од заедницата Израелска..."
(Броеви 16:31-35)

Ако му се покоруваме на Словото, ако ги запазиме одредбите Божји, и чекориме по патот на праведноста, тогаш ќе можеме да ги примиме благословите кога ќе влегуваме, и кога ќе излегуваме. Ќе ги добиваме благословите во сите области од нашите животи. Спротивно на тоа, ако не ги почитуваме туку само застануваме спроти волјата на Бога, тогаш судот Негов ќе се спушти врз нас. Значи треба да станеме вистински чеда Божји, кои што Го сакаат Бога, и му се покоруваат со целото срце свое, и делуваат во согласност со одредбите Негови.

Судот доаѓа кога застануваме против волјата Божја

Еднаш си бил еден човек, кој во себе имал праведна индигнација. Тој и неколку од неговите пријатели, ги искажале своите намери и планирале да изведат голема револуција, за да ѝ помогнат на својата земја. Како се наближувал денот на револуцијата, волјата на другарите стануала сѐ посилна. Но, предавството на еден од нив, довело до тоа, планот за спас на земјата, целосно да пропадне. О колку тажно и трагично е, кога грешката на една личност го спречува исполнувањето на добрата волја на повеќе луѓе?

Еден сиромашен човек и една сиромашна жена се земале. Долг низ години, тие ги правеле надчовечките напори да заштедат нешто. Со текот на времето тие купиле малку земја и почнале да водат поудобен живот. Но одеднаш, мажот се оддава на коцкањето и пиењето, и постепено го прококцува сиот нивен тешко стекнат имот и посед. Можете само да си замислите колку тешко ѝ било на срцето на жената?

Во односите помеѓу луѓето, можеме да видиме колку трагедии се случуваат, ако тие делуваат во спротивност на волјата на друга личност. А што би се случило ако една личност одлучи да оди спротивно на волјата на Бога, Создателот на универзумот? Кога ја читате книгата Броеви од Библијата, во стиховите 16:1-3, е опишана случката со Кореј, Датан и Авнан, кои заедно со 250 познати водачи од заедницата, се побуниле против волјата на Бога. Мојсеј бил нивниот водач, кој што бил избран од страна на Бога. Заедно со Мојсеја, синовите Израелеви требале да станат луѓе со еден ум, за да можат да го надминат тешкиот живот во пустината, и да влезат во земјата Ханаанска. Но, се случил овој немил настан.

Како резултат на сето тоа, Кореј, Датан и Авнан, заедно со своите семејства, биле живи закопани, кога земјата под нив се отворила и ги проголтала. 250-те водачи од заедницата биле исто така уништени од огнот ГОСПОДОВ. Зошто се случило тоа? Застанувајќи против водачот што Бог го избрал, било исто што и застанување против Самиот Бог.

Дури и во нашите секојдневни животи, често ни се случуваат некои нешта, кои одат против волјата на Бога. Иако Светиот Дух ни го поттикнува срцето кон добро, ние сепак одиме против Него, ако Неговата волја не соодветствува со нашите сопствени размислувања и желби. Колку повеќе делуваме согласно со нашите сопствени размислувања, а не согласно со Неговите, толку повеќе одиме против волјата на Бога. Со текот на времето, ние нема да бидеме во можност јасно да го чуеме гласот на Светиот Дух. Поради тоа што ќе делуваме во согласност со својата сопствена волја, ќе наидуваме на тешкотии и проблеми во животот.

Луѓето кои што оделе против волјата Божја

Во Броеви, глава 12, е опишана една сцена, каде што Мојсеевиот брат Арон, и неговата сестра Миријам, проговориле против Мојсеја, затоа што земал Етиопјанка за жена. Тие го обвиниле, кажувајќи, "Зар ГОСПОД зборува само преку Мојсеја? Зарем не зборуваше и преку нас?" (с. 2) Веднаш, во тој момент, гневот Божји се спуштил врз Арона и Миријам, и Миријам станала лепрозна.

Бог потоа ги прекорил двајцата, кажувајќи им: "Ако постои пророк меѓу вас, Јас, ГОСПОД, му се јавувам во видение, и на сон говорам со него. Но не е така со Мојот слуга Мојсеј, кој што е најверен во сиот Мој дом; нему му говорам директно и јавно, а не преку скриени зборови, и тој може да ја види славата ГОСПОДОВА. Зошто тогаш вие не се исплашивте да зборувате против слугата Мој, против Мојсеја?" (с. 6-8)

Ајде да погледнеме што значи да се оди против волјата на Бога, читајќи некои примери од Библијата.

1) Израелците ги обожувале идолите

За време на Исходот, синовите Израелеви можле со свои очи да видат како врз Египет се спуштаат Десетте Страдања, и како Црвеното Море се одвоило пред нив. Тие доживеале толку многу знаци и чудеса, што морале да знаат дека Бог е навистина живиот Бог. Но, што тие направиле, додека Мојсеј бил на планината, постејќи 40 денови, за да може да ги прими Десетте Заповеди од Бога? Тие си направиле златно теле и почнале да го обожуваат. Бог ги издвоил Израелците, затоа што биле избран народ, и ги поучил да не ги обожуваат идолите. Но, тие делувале во спротивност со волјата на Бога, па како резултат на тоа, околу три илјади од нив морале да ги загубат своите животи (Исход, глава 32).

Во 1 Летописи 5:25-26, е запишано, "Но Го изневерија Бога на своите татковци, и ѝ се предадоа на прељубата со боговите на народите на земјата, што Бог ѝ уништи пред нив. Па затоа Богот Израелев го поттикна духот на Асирскиот крал Пул, и духот на Асирскиот крал Тилгат-полнесер, и тие ги одведоа во ропство Рувимовото и Гадовото племе, и половина од Манасиевото племе, и ги одведоа во Хала, Хавор и Хара, и покрај реката Гозан, каде што се и до ден денешен." Поради тоа што Израелците блудничеле, обожувајќи ги боговите на земјата Ханаанска, Бог го поттикнал срцето на кралот Асирски, да го нападне Израел, и да зароби голем број од нив. Израелските дела против Бога, ја предизвикале таквата несреќа.

Причината поради која било уништено Северното Кралство Израел од страна на Асирија, а Јужното Кралство Јудеја од стана на Вавилон, исто така лежела во идолопоклонството.

Гледано од денешна гледна точка, тоа е слично на обожувањето идоли, коишто се направени од злато, сребро, бронза итн. Ист е случајот и со луѓето кои што ставаат варена свинска глава на масата, и им се поклонуваат на духовите на своите умрени претци. О колку е срамна сцената каде што луѓето, како највисоко создание Божјо, ѝ се поклонуваат на свинската глава, и бараат благослови од неа!

Во Исход 20:4-5 Бог ни дава заповед, кажувајќи, "Не прави идол, ниту слика, од она што е горе на небото, долу на земјата, во водата и под земјата. Не им се поклонувај, и не им служи."

Тој исто така јасно ги спомнал и клетвите што би се спуштиле врз луѓето, ако лесно преЈдат преку оваа заповед и не се придржуваат до неа. Исто така ги кажал и благословите што ќе ги примат, ако ги запишат заповедите во своите срца, и се придржуваат до нив. Тој рекол, "затоа што Јас, ГОСПОД, твојот Бог, Сум љубоморен Бог, и го посетувам беззаконието на татковците, на децата нивни, до третото и четвртото поколение, на оние кои што Ме мразат, а ја покажувам милоста кон илјадниците, коишто Ме сакаат и ги запазуваат Заповедите Мои."

Тоа е причината поради која, ако погледнеме околу нас, можеме да видиме дека голем број на семејства, кои ја имаат историјата на идолопоклонството, доживуваат голем број на тешкотии и разни страдања. Еднаш еден член на црквата, кој што се поклонил пред идол, доживеа тешкотии. Нејзината уста, што порано ѝ беше нормална, толку лошо ѝ се искриви и деформира, што повеќе не можеше нормално да зборува. Кога ја прашав што ѝ се случило, таа ми кажа дека отишла да ја посети својата фамилија за време на празнииците, и не можела да одбие да се поклони пред традиционалната жртва, што им се принесува на духовите на мртвите предци. Веќе следниот ден, нејзината уста ѝ се искривила на една страна. За среќа, таа се покаја пред Бога во целост, и ја прими мојата молитва. Устата ѝ се излекува, и ѝ се врати во нормала. Бог ја поведе кон патот на спасението, давајќи ѝ лекција, преку која можеше да свати дека идолопоклонството е патот кон уништувањето.

2) Фараонот одбил да ги пушти Израелците да си одат

Во Исход, глава 7-12, синовите Израелеви, кои што биле робови во Египет, се обидувале да заминат од таму, под водството на Мојсеја. Но фараонот не сакал да ги пушти, па затоа морал да се соочи со големите несреќи, кои паднале врз него и Египет. Бог е авторот на животот и на смртта на човештвото, па затоа никој не може да оди спротивно на Неговата волја. Божјата волја била луѓето Израелеви, да го науштат Египет. Но фараонот, чиешто срце било закоравено и отврднато, не сакал да ѝ се покори на волјата на Бога.

Затоа, Бог ги пратил Десетте Страдања врз Египет. Во тоа време, целата нација почнала да се распаѓа. Конечно, фараонот безволно допуштил синовите Израелеви да си одат, но се колебал во срцето свое заради тоа. Па така, се покајал што ги пуштил, и ја испратил својата армија да оди по нив, дури и низ процепот на раздвоеното Црвено Море. На крајот, целата Египетска армија, што ги гонела Израелците, се удавила во водите на Црвеното Море. Фараонот што одел против волјата на Бога, се соочил со ужасен крај, кога судот се спуштил врз него. Ако Бог повеќепати му покажал дека Тој е живиот Бог, фараонот требало да свати дека Бог е Единствениот и Еден, вистински Бог. Требало да ѝ се покори на Неговата волја. Гледано дури и од човечки стандарди, пуштањето на Израелците да си одат, било исправна работа да се направи.

Една нација да пороби друга, не е исправно нешто. Дополнително, Египет ја избегнал големата глад заради Јосифа, синот на Јакова. И покрај историскиот факт дека од тогаш поминале 400 години, сепак Египет му должел на Израел за тоа што му ја спасил нацијата од гладот. Но, наместо да му возврати на Израел за милоста што ја примил, Египет го потчинил во страшно ропство. Колку ли злобно било сето тоа? Фараонот, кој што ја поседувал апсолутната моќ, бил горделива личност, исполнета со алчност и злоба. Затоа тој се борел против Бога, сѐ до самиот крај, и го примил Неговиот суд.

И во денешното општество постојат такви личности, а Библијата ги предупредува за судот којшто ги чека. Уништувањето го очекува секој оној, кој што ќе одбие да поверува во Бога, поради своето знаење и гордост, и оние кои што беззумно прашуваат, "Каде е Бог?"

Дури и да се исповедаат дека веруваат во Бога, ако не ги испочитуваат Неговите заповеди, поведени од своите каприци и тврдоглавост, ако во своите срца држат огорченост и непријателство кон другите, или ако се водачи на цркви и тврдат дека работат за Кралството Божјо, а сепак заради својата љубомора или алчност ги вознемируваат луѓето около себе, тие воопшто не се разликуваат од фараонот.

Знаејќи дека волјата Божја е да го живееме својот живот во Светлината, ако продолжиме да живееме во темнината, тогаш ќе мораме да ги доживееме истите страдања како и неверниците. Тоа е така бидејќи Бог постојано ги предупредува луѓето, но тие не сакаат да Го послушаат, и застануваат против волјата Божја, одејќи кон светот и световното.

Во спротивниот случај, кога личноста го живее животот во праведноста, нејзиното срце станува чисто, па затоа почнува да го имитира срцето на Бога, и тоаш непријателот ѓаволот нема друга опција, освен да го напушти нејзиниот живот. Без разлика какви сериозни болести личноста може да има, без разлика кави испитанија и страдања да ја мачат, ако продолжи да делува во праведноста пред Бога, таа ќе го прими благословот на здравјето и силата, и сите страдања и испитанија ќе исчезнат. Ако една куќа е нечиста, тогаш во неа ќе се појават лебарки, глувци и секакви други штетници. Но, ако куќата е чиста и дезинфицирана, штетниците не можат да живеат таму, и природно исчезнуваат. Ист таков е и овој случај.

Кога Бог ја проколнал змијата, која што го измамила и искушала човекот, Тој ѝ рекол дека 'ќе ползи на стомакот, и целиот живот ќе јаде прав' (Битие 3:14). Тоа не значело дека змијата буквално ќе јаде прав од земјата. Духовното значење на ова е дека Бог му кажал на непријателот ѓаволот—кој што ја поттикнал змијата—да го јаде телото човечко, кој што бил создаден од правот земен. Во духовна смисла "телото" се однесува на нешто, што со времето се менува и пропаѓа. Тоа је означува невистината, којашто е патот до смртта.

Затоа непријателот ѓаволот им носи искушенија, страдања и несреќи на луѓето на телото, кои што грешат и живеат среде невистината, што на крајот ќе ги поведе по патот на смртта. Сепак, непријателот ѓаволот не може да им се доближи на светите луѓе, кои што немаат гревови, и кои што го живеат својот живот во согласност со Словото Божјо. Затоа, ако живееме во праведноста, тогаш болестите, искушенијата, испитанијата и страдањата, природно ќе бегаат од нас.

Во Исус Навин, глава 2, постои една личност која како контраст на фараонот, била Неверник, но сепак помогнала да се исполни волјата Божја, и ги примила благословите заради тоа. Таа личност е жената по име Рава, која што живеела во

Ерихон, во времето на Исходот. По излегувањето од Египет, и талкањето во пустината во текот на 40 години, Израелците ја поминале реката Јордан. Тие биле групирани и спремни да го нападнат Ерихон во секој момент.

Рава не била Израелка, но чула за нив и за Нивниот Бог. На неа ѝ изгледало дека ГОСПОД БОГ, Кој што го контролирал целиот универзум, е со народот Израелев. Таа исто така знаела дека Бог не бил таков, да убива безмилосно и без причина. Поради тоа што Рава била свесна дека ГОСПОД БОГ е Бог на правдата, таа ги заштитила Израелските шпиони и ги сокрила. Поради тоа што таа ја знаела волјата Божја и помогнала да се оствари истата, таа и целото нејзино семејство, биле спасени кога Ерихон бил уништен. И ние исто така мораме да ја спроведуваме волјата Божја, за да можеме да водиме духовни животи, и да можеме да ги добиваме решенијата на нашите проблеми, и да ги примаме одговорите на нашите молитви.

3) Свештеникот Илиј и неговите синови, кои ја прекршиле Божјата заповед

Во 1 Самоил, глава 2, можеме да прочитаме дека синовите на Свештеникот Илиј биле луѓе на беззаконието, и ја допирале храната која била оставена, да биде принесена како жртва на Бога. Тие дури и ги положувале рацете свои и на жените, кои што служеле пред портата на Шаторот на Сведоштвото. Но, нивниот татко, Свештеникот Илиј, едноставно ги прекорил со зборови, и не преземал ништо конкретно за да ги запре нивните престапи. На крајот неговите синови биле убиени во војната против Филистејците, а Свештеникот Илиј умрел, откако паднал од својот стол и го скршил својот врат, слушајќи ги новостите. Илиј умрел, бидејќи како татко, не ги поучил доволно добро своите синови.

Истото важи и за нас денес. Ако видиме некои личности

околу нас, кои го извршуваат чинот на прељубата во телесното, или кои застрануваат од Божјите наредби, и го прифатиме тоа без да се обидеме да ги поучиме за тоа што е правилно, а што не, тогаш и ние сме како Свештеникот Илиј. Затоа мораме да се преиспитаме себеси и своите деца, дали наликуваме на Илиј и неговите синови.

Истото важи и за трошењето на десетоците за свои потреби, и користењето на понудите благодарници, оставени и посветени на Бога. Кога не ги даваме целосните десетоци и понуди кон Бога, тогаш тоа е исто што и крадење од Бога, па затоа може да се спушти проклетството врз целото наше семејство, или дури нација (Малахија 3:8-9). Истото важи и за замената на нештата што биле посветени за понуда кон Бога, кои не смеат да бидат заменети со други нешта. Ако веќе сте одлучиле во своите срца да принесете понуда кон Бога, тогаш морате да го направите тоа. И ако одлучите да го замените тоа со нешто што е подобро, тогаш морате да ги понудите и претходното и подоцнежното нешто, за кое сте размислувале.

Исто така, не е исправно еден водач на ќелија или благајник на ќелиска група во црквата, да ја користи членарината онака како што ќе посака. Користењето на црковните фондови за цели различни од оние за кои се наменети, или користењето на парите кои се оставени настрана за специфични настани, или за некои специфични цели, исто спаѓа во оваа категорија на 'крадење од Бога'. Потоа, ставањето на вашта рака во ризницата на Бога, преставува крадење, исто како што тоа го направил и Јуда Искариотски. Ако некоја личност краде од парите на Бога, тогаш извршува грев поголем од гревовите на синовите на Илиј, и за тоа нема да ѝ биде простено. Ако некој изврши ваков грев, поради тоа што не знаел што прави, треба веднаш да се исповеда и во целост да се покае за своето дело, и никогаш повеќе да не го повтори тоа. Врз луѓето се спушта проклетството, токму поради ваквите гревови. Во нивните животи се случуваат трагични несреќи, сообраќајни инциденти или болести, и верата не може да им биде дадена.

4) Дечињата кои што го задевале Елисеја и други слични случки

Елисеј бил моќен слуга Божји, кој што комуницирал со Бога, и ја имал Неговата гаранција. Но во 2 Кралеви, глава 2, наидуваме на сцена каде што голем број на деца излегуваат во група, го следат Елисеја и му се потсмеваат. Тие биле толку злобни, што го следеле од внатрешноста на градските ѕидини, па сè додека излегол од градот, и му викале, "Врви ќелавко; врви ќелавко!" На крајот Елисеј, не можејќи веќе да го поднесе тоа, се свртел и ги проколнал во името на ГОСПОДА, и веднаш излегле две мечки од гората, и раскинале 42 од тие деца. Поради тоа што во Библијата е запишано дека 42 деца биле растргнати, можеме да заклучиме дека бројот на децата кои се потсмевале со Елисеј, бил многу поголем од педесет.

Проклетствата и благословите кои доаѓаат од слуга Божји, за кои Бог дава гаранција, ќе се случат токму онака, како што ќе бидат кажани. Особено ако една личност Божја се соочи со потсмев, клевета или озборување, тоа тогаш ќе значи исто како да тие нешта се однесуваат и за Бога. Затоа тоа значи дека луѓето што го прават тоа, одат против волјата на Бога.

Што се случило со Евреите, откако го заковале Христа на крстот, барајќи Неговата крв да падне врз нив и на нивното потомство? Во 70 Н.Е, Ерусалим бил целосно уништен од Римскиот Генерал Тит и неговата армија. Бројот на Евреите кои биле убиени во тоа време, бил некаде околу 1.1 милион. Потоа, Евреите биле раштркани низ целиот свет, и ги примиле разните понижувања и прогонства. Уште еднаш, шест милиони од нив биле убиени за време на Холокаустот, од страна на нацистите. Како што можете да видите, резултатот на побуната против волјата Божја, значи донесување на огромни реперкусии и страдања.

Елисеевиот слуга Гиезиј, бил во слична ситуација. Како ученик на Илија, кој што го добил одговорот во оган, Елисеј го добил истиот одговор, но двојно повеќе инспирација од својот учител. Самиот факт што му служел на господар, каков што бил Елисеј, претставувало голем благослов. Гиезиј лично посведочил на многу знаци и чудеса, што Елисеј ги изведувал. Ако им се покорувал на зборовите на својот учител, и ако ги примел неговите учења на исправен начин, и тој самиот најверојатно би ја примил големата сила и благослови, исто така. Но за жал, Гиези не бил во состојба да го стори тоа.

Еднаш, во еден случај, Елисеј, со помош на силата Божја, го излекувал Арамеискиот воен генерал Нееман, кој што страдал од лепра. Нееман бил толку трогнат, што сакал да го опсипе Елисеја со дарови. Но, Елисеј јасно го одбил тоа. Тој го направил тоа, бидејќи не примањето подароци, ја засилува славата на Бога.

Но, не сваќајќи ја волјата на својот господар, заслепен од материјалистичи пориви, Гиезиј отрчал по генералот Нееман, го излажал, и ги примил подароците. Тој ги донел назад подароците и ги скрил. Елисеј веќе знаел што се случило, па затоа му пружил шанса на Гиезиј да се покае, но тој ги отфрлил обвинувањата и не сакал да се покае. Како резултат на тоа, Неемановата лепра се префрлила врз Гиезиј. Тоа не било само чин на непокор кон волјата на Елисеј, туку и чин на непокор кон волјата на Бога.

5) Да се лаже Светиот Дух

Во Дела, глава 5, запишан е еден инцидент со двојката Ананија и Сапфира, кога тие го излажале Петра. Како членови на раната црква, тие одлучиле да си го продадат својот имот, и да Му ги понудат парите на Бога. Но, штом ги земале парите во свои раце, во нив се јавила алчноста. Па така тие дале само еден дел од парите и излажале дека тоа се сите пари. Како резултат на ваквиот чин, и двајцата морале да ги загубат своите животи. Тоа било така, бидејќи тие не го лажеле само Божјиот човек, туку и Бога и Светиот Дух. Тие всушност го ставиле на тест Господовиот Дух.

Тука споделивме само мал број на примери, а како дополнение на нив, можеме да кажеме дека постојат голем број на инциденти, каде што луѓето одат против волјата на Бога. Божјиот Закон не постои за да ги казни луѓето, туку да им помогне во свакањето што се гревовите, да ги поведе кон зависноста од силата на Исуса Христа, и на крајот кон изобилството благослови од Бога. Ајде затоа да си ги преиспитаме своите дела, и да видиме дали некое од нив било против волјата на Бога, па ако е така, во целост да се одвратиме и да делуваме единствено во согласност со волјата Божја.

Речник

Огнената печка и трската

'Печката' е затворена кутија, во којашто се става материјал, за да произведе топлина, со која се греат згради, се уништуваат остатоците, се топат или рафинираат руди итн. Во Библијата, зборот 'печка' се употребува за да се означат Божјите судови и неволји, Пеколот итн. Даниеловите три пријатела, Седрах, Мисах и Авденаго одбиле да се поклонат пред златниот лик на Набуходоносор, па затоа биле фрлени во огнената печка. Сепак, со Божја помош, тие излегле од неа живи и неповредени (Даниел, глава 3).

'Сламата' претставува врзоп на стебленца од кои било истресено зрното, што обично се користело за полнење на постелнини и како храна за животните, за ткаење и плетење кошници. Во Библијата, 'сламата' симболично се однесува на нешто многу неважно и безвредно.

Што претставува ароганцијата?

Ароганцијата значи дека другите луѓе не се сметаат за рамни на нас. Тоа претставува гледање на луѓето одозгора, и мислењето 'Јас сум подобар од нив'. Еден најтипичен пример за ситуациите каде што се јавува овој вид на гордост, е кога личноста си мисли дека е сакана и признаена како водач на некоја ораганизација или група, на која ѝ припаѓа. Бог понекогаш го користи методот на давањето комплименти, за да може индивидуата да открие дали во себе ја поседува горделивата природа.

Една од најчестите форми на гордоста, е судењето и осудата на другите луѓе. Мораме особено да бидеме внимателни во тоа, да не ја негуваме духовната гордост, којашто предизвикува да им судиме на луѓето преку Словото Божјо, а всушност тоа треба да биде само основа за саморетроспекција. Духовната горделивост претставува многу опасна форма на злото, бидејќи е многу тешка за откривање; затоа мораме посебно да се трудиме, да не развиеме кај себе ваква духовна арогантнност.

Глава 14

"Така кажува ГОСПОД Саваот..."

" 'Затоа што еве, доаѓа денот вжарен како печка; тогаш горделивите и злосторниците ќе бидат како плева; и ќе ги изгори денот што доаѓа,' кажува ГОСПОД Саваот, 'та нема да им остави, ниту корен, ниту гранче.' 'На вас, кои што имате страв од името Мое, ќе ви изгрее сонцето на правдата, носејќи го исцелувањето на крилјата свои; а вие ќе излегувате како телињата на пасење. И ќе ги газите беззаконниците како правта под нозете, во денот којшто го подготвувам,' говори ГОСПОД Саваот."
(Малахија 4:1-3)

Бог го носи секое дело на суд; дури и она што е скриено, било да е добро или зло (Еклизијаст-Проповедник 12:14). Можеме да видиме дека ова е нешто што сигурно ќе се случи, ако погледнеме на човечката историја. Една горделива личност ја бара само својата лична корист. Таа одозгора гледа на другите и во себе го натрупува злото, трудејќи се да се здобие со богатство. Но, на крајот ја очекува уништување. А спротивно на тоа, една скромна личност, која што се плаши од Бога, можеби ќе изгледа беззумно, или ќе се соочува со тешкотии во почетокот, но на крајот ќе ги прими големите благослови, и почитувањето од страна на сите луѓе.

Бог ги одбива гордите

Споредете ги двете жени, спомнати во Библијата, Вашти и Естер. Кралицата Вашти била кралицата на кралот Ахасвер, кој бил крал на Персиското Царство.

Еден ден, кралот Ахасвер одржал банкет и ја прашал кралицата Вашти, да дојде со него. Но, Вашти, која била многу горделива заради својата позиција и неверојатна убавина, ја одбила понудата. Кралот, кој станал многу лут заради тоа, ја отстранил кралицата од нејзината позиција. Која била разликата помеѓу неа и Естер, која се воздигнала на позицијата кралица, веднаш по Вашти?

Естер, која се воздигнала на позицијата кралица, била изворно Еврејска робинка, која била донесена во Вавилон, за време на владеењето на кралот Набуходоносор. Естер не била само убава, туку воедно била и мудра и скромна. Во една ситуација нејзиниот народ доживеал големо страдање, поради Амалкитот по име Аман. Тогаш, Естер поминала три дена во пост и молитва, за потоа со одлучност да го загуби и својот живот, таа се прочистила себеси, се облекла во кралските облеки и понизно застанала пред Кралот. Поради своето делување во понизноста пред кралот и сите други луѓе, не само што ја здобила кралевата љубов и доверба, туку воедно можела и да ја спроведе големата задача, на спасувањето на својот народ.

Бидејќи е запишано во Јаков 4:6, "Бог им се противи на горделивите, а на понизните им дава благодет," никогаш не смееме да станеме горделива личност, што ќе биде отфрлена од страна на Бога. Како што е запишано во Малахија 4:1, "Тогаш горделивите и злосторниците ќе бидат како плева," во зависност од тоа како една личност ги употребува својата мудрост, знаење и сила, за доброто или злото, резултатот драстично ќе се разликува. Добар пример за ова Слово, се Давид и кралот Саул.

Кога Давид станал крал, неговите први мисли биле насочени кон Бога, и секогаш ја следел Неговата волја. Давид бил благословен од Бога, бидејќи понизно се молел пред Него, ја барал мудроста за да знае како да ја зацврсне нацијата, и да им донесе мир на своите луѓе.

Саул, од друга страна, станал преплавен со алчноста и единствено бил загрижен да не ја загуби кралската позиција, па потрошил многу време обидувајќи се да го убие Давид, кој што ја примал љубовта од Бога, и љубовта од своите луѓе. Поради неговата горделивост, тој не успеал да ѝ се покори на заповедта и прекорите на пророкот. Конечно, тој бил отфрлен од страна на Бога, и умрел доживувајќи мизерна смрт на бојното поле.

Па така, јасно сваќајќи како ГОСПОД Бог им суди на горделивите, треба во целост да ја отфрлиме својата гордост. Ако успееме да ја отфлиме гордоста и да станеме понизни личности, ќе Му бидеме угодни на Бога, и ќе ни ги прати Своите одговори на нашите молитви. Поговорки 16:5 гласи, "Секој горделив по срце е одвратност пред ГОСПОДА: кој се ракува со него, навистина не останува без казна" (КЦВ). Бог толку многу го мрази горделивото срце, што секој кој што ќе се ракува со гордиот човек, ќе биде казнет заедно со него. Злите луѓе ја имаат особината да се здружуваат во групи со други зли луѓе, исто како што и добрите луѓе се здружуваат со други добри луѓе. И таквото ракување, исто така, доаѓа понесено од гордоста.

Гордоста на кралот Езекија

Ајде да фрлиме поблизок поглед на тоа, колку Бог ја мрази горделивоста. Меѓу кралевите Израелски, постоеле многу кои што на почетокот на своето владеење Го сакале Бога, и ѝ се покорувале на Неговата волја, но потоа, со текот на времето, истите станувале горделиви, и застанувале против волјата на Бога, за на крајот да покажат непокор кон Него. Еден од овие кралеви бил кралот Езекије, 13тиот крал на Јужното Кралство Јудеја.

Кралот Езекија, кој што станал крал по својот татко, Ахаз, бил многу сакан од Бога, поради тоа што бил искрен, како што бил и самиот крал Давид. Тој ги отргнал страните олтари и високи места, и ги скршил светите столбови во своето кралство. Тој целосно ја очистил нацијата од идолите кои Му се одвратни на Бога, како што биле столбовите на Ашера, кои наредил да се исечат (2 Летописи 29:3-30:27).

Но, кога народот почнал да чувствува политички потешкотии, заради грешките на претходниот крал, кој бил несреден и неправеден, наместо да се потпре и да верува во Бога, кралот Езекија направил сојуз со соседните земји, со Египет, Филистејците, Сидон, Моав и Амон. Исаија го прекорил кралот Езекија неколку пати, кажувајќи му дека тоа што го прави е невнимателен чин, којшто оди против волјата на ГОСПОДА.

Но, исполнет со гордоста, кралот Езекија не го послушал предупредувањето на Исаија. На крајот, Бог ја оставил Јудеја сама, па Сенахирим, кралот Асирски ја нападнал и ја победил. Кралот Сенахирим ја освоил Јудеја и земал 200 000 луѓе како робови. Кога кралот Сенахирим побарал од кралот Езекија да плати големи репарации, Езекија го сторил тоа на тој начин, што ги соголил Храмот и палатата, собирјаќи ги скапоцените орнаменти, и празнејќи го државниот трезор. Светите нешта од Храмот не би смееле да бидат допрени од било кого. Бидејќи Езекија ги дал тие свети предмети заради сопствениот опстанок, Бог не можел ништо друго, освен да Го сврти Своето лице од него.

Кога Сенахирим продолжил со своите закани кон Езекија, дури и по плаќањето на огромните репарации, Езекија сватил дека не може ништо да стори само со неговата сила, па затоа Му се обратил на Бога, се молел, се покајал и извикувал кон Него. Како резултат на сето тоа, Бог се смилувал на него, и ги поразил Асирците. Истата лекција можеме да ја доживееме и во своите семејства, на нашите работни места, продавници, или во нашите односи со соседите, браќата и сестрите. Една горделива личност која што не може да ја прима љубовта; самата нека си помогне во тешките времиња.

Гордоста на верниците

Демоните не можат да навлезат во личноста која што верува во Бога, поради тоа што Бог ја штити таквата личност. Но, постојат случаи кога демоните влегуваат во личностите кои што тврдат дека се верници во Бога. Како е можно да се случи тоа? Бог е нешто што е спротивно на гордоста. Па така, ако една личност стане толку горделива, до точката да Бог го одврати Своето лице од неа, тогаш демоните ќе можат да влезат во неа. Ако личноста стане духовно горделива, Сатаната може да направи демоните да ја запоседнат, и да ја контролираат, па потоа да ја натераат да изврши зли дела.

Дури и да не се случи запоседнувањето, ако еден верник стане духовно горд, може да ја навреди вистината, и како резултат на тоа, да стане вознемирен и потресен. Поради тоа што не му се покорува на Словото Божјо, Бог нема да биде со неа, и сè во животот ќе ѝ тргне по надолна линија. Како што е запишано во Поговорки 16:18, "Гордоста врви пред уништувањето, а високоумноста пред паѓањето," гордоста не може да биде корисна во никој случај. Всушност, сето тоа само може да и́ донесе болка и страдања. Мораме да знаеме дека духовната гордост претставува апсолутен паразит, и дека треба целосно да биде уништена.

Па, како верниците ќе можат да знаат дали се горделиви? Една горделива личност си мисли дека е во право, па затоа не сака да ги прими критиките од другите луѓе. Не делувањето според Словото Божјо, исто така претставува форма на гордост, бидејќи тоа покажува дека личноста нема респект кон Бога. Кога Давид ја прекршил Божјата заповед и згрешил, Бог строго го прекорил, кажувајќи му, "Затоа што Ме презре" (2 Самоил 12:10). Па така, не молењето, не сакањето, не покорувањето и неможноста да се види дирекот во своето око, а да се покажува на раската во нечие око, сето тоа се примери за горделивост.

Гледањето одозгора на другите луѓе, додека им судите и осудувате, во согласност со своите стандарди, фалејќи се себеси, посакувајќи да се покажете, сето тоа се форми на гордоста. Скокањето при секоја прилика да се вклучите во некоја дебата и вербална препирка, исто така претставува форма на гордоста. Ако сте горделиви, ја имате желбата да ве служат, и да се воздигнете на врвот. Па додека се обидувате да си донесете корист за себе и да си изградите име, почнувате да го натрупувате злото во своите срца.

Морате да се покаете за ваквата горделивост, и да станете понизни личности, за да можете да уживате во напредните и радосни животи. Затоа Исус рекол, "Ако не се промените и не станете како деца, нема да влезете во Кралството Небесно" (Матеј 18:3). Ако една личност стане горделива во срцето свое, и си мисли дека секогаш е во право, постојано обидувајќи се да ја одбрани својата самоубеденост и самодоверба, вклучувајќи ги своите сопствени мисли, тогаш нема да може да го прифати

Словото Божјо, онакво какво што е, и да делува во согласност со него, па затоа нема да може ниту да го прими спасението.

Гордоста на лажните пророци

Ако погледнете во Стариот Завет, можете да прочитате на многу места како кралевите ги прашувале пророците за идните настани, и делувале во согласност со нивниот совет. Кралот Ахав бил седмиот крал на Северното Кралство Израел, и во времето на неговата смрт, обожувањето на Баал преовладувало во кралството, а војната поради агресијата на Арам била во целосно забрзување. Сето тоа било резултат на Ахавовото одбивање да му се покори на предупредувањето на пророкот Михеј, и наместо тоа поверувал во зборовите на лажните пророци.

Во 1 Кралеви 22, кралот Ахав го прашал кралот Јосафат од Judea да се здружи со него, за да го заземат Рамот-Галадски од рацете на кралот Арам. Во тоа време, кралот Јосафат, кој што Го сакал Бога, предложил дека треба прво да се консултираат со пророк, за да ја дознаат волјата Божја, пред да донесат било каква одлука. Потоа, кралот Ахав повикал околу триста лажни пророци, кои постојано го фалеле, и ги прашал за совет. Тие во еден глас ја пророкувале Израелевата победа.

Но, Михеј, вистинскиот пророк, пророкувал дека ќе доживеат пораз. На крајот, Михејовото пророштво било игнорирано, и двата крала ги здружиле своите сили, и отишле во војна против Арам. Каков бил резултатот? Војната завршила без победа на ниедна страна. А кралот Ахав, кој бил сотеран во ќоше, се преправил во обичен војник, за да може да се искраде од бојното поле, но бил погоден од случајна стрела и умрел од искрвавување. Тоа бил резултатот и последицата на Ахавовото слушање на пророштвото од лажните пророци, а не на вистинскиот пророк Михеј. Лажните пророци и лажните учители ќе го примат Божјиот суд. Тие ќе бидат фрлени во Пеколот—во Сулфурното езеро, коешто е седум пати пожешко од Огненото езеро (Откровение 21:8).

Вистинскиот пророк кај кого пребивал Бог, имал праведно срце пред Бога, па затоа бил во можност исправно да пророкува. Лажните пророци, оние кои што единствено помпезно ја носеле титулата и позицијата, ги кажувале своите мисли, како да се пророштва, и ја повеле својата нација во пропаст и уништување, или ги наведувале луѓето да застранат од правиот пат. Било да е во рамките на една институција или семејство, или земја, или црква, ако ги слушаме зборовите на добрата и вистинска личност, ќе можеме да го доживееме мирот, следејќи ја добрината. Но, ако го следиме патот на злата личност, ќе доживееме само страдање и уништување.

Судот за луѓето кои делуваат со гордост и зло

1 Тимотеј 6:3-5 гласи, "Кој поучува поинаку, и не ги следи здравите зборови на нашиот Господ Исус Христос, и на науката за побожноста, тој е помрачен од горделивоста и ништо не знае; и болeдува од морбидниот интерес за празните препирки и распрашувањата околу зборовите, од кои произлегуваат зависта, расправиите, хулењето, лукавите сомневања и празните препирки меѓу луѓето со изопачен ум, па лишени од вистината, си мислат дека побожноста е средство за печалба."

Словото Божјо во себе ја содржи сета добрина; па затоа никаква друга доктрина не е потребна. Поради тоа што Бог е совршен и добар, единствено Неговото учење може да биде вистинито. Но, воображените луѓе, не знаејќи ја вистината, кажуваат разни други доктрини, расправајќи се и фалејќи се себеси. Ако поставуваме "контроверзни прашања", се расправаме дека само ние сме во право. Ако имаме "спорови со зборови" значи дека го подигаме гласот и се расправаме преку зборовите. Ако ја поседуваме "зависта", тоа значи дека сакаме да повредиме некоја личност, којашто добива повеќе љубов од нас. Ќе предизвикаме "расправии" ако се впуштиме во препирките што носат раздори меѓу луѓето. Ако се возвишиме себеси на тој начин, нашите срца ќе станат расипани, и ние ќе ги извршиме делата на телесното—кои Му се одвратни на Бога.

Па така, ако една горделива личност не се покае и одврати од своите грешни патишта, Бог ќе Го сврти Своето лице од неа, и таа ќе мора да го добие судот. Без разлика колку многу ќе извикува, "Господи, Господи," и ќе се исповеда дека верува во Бога, ако не се покае, и продолжи со своето зло, на Судниот Ден, таа ќе биде фрлена во огнот на Пеколот, заедно со другиот плевел.

Благословите за праведникот кој што се плаши од Бога

Личноста која навистина верува во Бога, ќе ја скрши својата гордост и злите дела, за да стане праведен човек, кој што се плаши од Бога. Што значи да се плашиме од ГОСПОДА Бога? Поговорки 8:13 гласи, "Стравот од ГОСПОДА е омразата кон злото; ги мразам гордоста и ароганцијата, злите патишта и подмолната уста." Ако го мразиме злото и ги отфрлиме сите форми на злото, во Божјите очи стануваме луѓе кои што делуваат во праведноста.

Со ваквите луѓе, Бог ја споделува Својата изобилна љубов и им ги дарува спасението, одговорите на нивните молитви, и сите благослови. Бог рекол, "На вас, кои што имате страв од името Мое, ќе ви изгрее сонцето на правдата, носејќи го исцелувањето на крилјата свои; а вие ќе излегувате како телињата на пасење. И ќе ги газите беззакониците како правта под нозете, во денот којшто го подготвувам,' говори ГОСПОД

Саваот" (Малахија 4:2-3).

Оние кои што се плашат од Бога и ги запазуваат Неговите заповеди, исто како што се однесува и за секоја праведна личност (Еклизијаст-Проповедник 12:13), Бог ги благословува со богатство, чест и живот (Поговорки 22:4). Затоа тие можат да ги примат одговорите на своите молитви, да добијат исцелување и благослови, за да можат радосно да потскокнуваат како телињата кога одат на пасиштe.

Во Исход 15:26, Бог кажал, "Ако го слушаш добро гласот на ГОСПОДА, твојот Бог, вршејќи го она што е право во очите Негови; ако го насочуваш увото свое кон Заповедите Негови, и ги запазуваш законите Негови; нема да пуштам врз тебе ниедна болест, од оние коишто им ги пуштив на Египјаните; затоа што Јас сум ГОСПОД, твојот исцелител." Па така, без разлика на какви болести да наиде, личноста која што се плаши од Бога, ќе го добие исцелувањето и ќе може да живее здрав живот, и на крајот, ќе влезе во Небесата, каде што ќе ужива во вечната слава и чест.

Затоа мораме внимателно да се преиспитаме себеси. Па ако најдеме било какви форми на гордост и зло во нас, треба да се покеме и да се одвратиме од грешните патишта наши. Значи, ајде да станеме праведни личности, кои што се плашат од Бога, покажувајќи понизност и услужност кон Него.

Глава 15

Во врска со гревот, праведноста и судот

"Сепак, Јас ви ја кажувам вистината, подобро е за вас Јас да си отидам; бидејќи ако не си отидам, Помошникот нема да дојде кај вас; но ако си отидам, Јас ќе го испратам кај вас. А Тој, кога ќе дојде, ќе му покаже на светот што е грев, што е праведност, а што суд; за гревот, затоа што не веруваат во Мене; за праведноста, бидејќи Си одам кај Отецот Мој, и веќе нема да Ме видите; и за суд, затоа што е осуден кнезот на овој свет."
(Јован 16:7-11)

Ако веруваме во Исуса Христа, и си ги отвориме своите срца за да Го прифатиме како наш Спасител, Бог ќе ни го даде Светиот Дух на дар. Светиот Дух нѐ води кон повторното раѓање, и ни помага да го сватиме Словото Божјо. Тој делува на многу различни начини, нѐ води кон животот во вистината, и кон целосното спасение. Затоа, преку Светиот Дух ќе научиме што претставува грев, и ќе дознаеме како да направиме разлика помеѓу она што е исправно, и она што е лошо. Мораме исто така да научиме како да делуваме во праведноста, за да можеме да влеземе во Небесата, и да го избегнеме судот на Пеколот.

Во врска со гревот

Исус им кажал на Своите ученици, за тоа како треба да умре, со тоа што ќе биде закован на крстот и за страдањата со кои учениците треба да се соочат. Воедно ги охрабрил кажувајќи им за тоа дека по Неговото воскресение и Вознесение на Небесата, Тој ќе им го испрати Светиот Дух, и за сите прекрасни нешта кои ќе ги добијат како резулатат на тоа. Исусовото вознесение било неопходен чекор, за да можел да биде испратен Светиот Дух, Помошникот.

Исус рекол дека штом ќе дојде Светиот Дух, Тој ќе му суди на светот во врска со гревот, праведноста и судот. Тогаш што значи дека Светиот Дух "ќе му суди на светот за гревот"? Како што е запишано во Јован 16:9, "за гревот, затоа што не веруваат во Мене," не верувањето во Исуса Христа претставува грев, а тоа значи дека луѓето кои не верувале во Него, на крајот ќе мораат да се соочат со судот. Зошто неверувањето во Исуса Христа претставува грев?

Богот на љубовта Го испратил Својот Еден и Единствен, Еднороден Син, Исус Христос, на овој свет, за да го отвори патот на спасението за човештвото, кое станало роб на гревот, поради непокорот на Адама. Со Својата смрт на крстот, Исус ги откупил сите гревови на човештвото и ја отворил вратата на спасението, станувајќи Еден и Единствен Спасител. Затоа, не верувањето во тој факт, а знаејќи го, претставува грев. Ако една личност не го прифаќа Исуса Христа за свој Спасител, не може да го прими проштевењето на своите гревови, па затоа е осудена да остане грешна.

Зошто Тој суди во врска со гревот

Можеме да видиме дека постои Богот Создателот, само преку гледањето на сите негови созданија. Римјаните 1:20 гласи, "Па и Неговите невидливи својства, Неговата вечна сила и божествена природа, можат јасно да се согледаат уште од создавањето на светот, набљудувани преку творбите Негови, па така што тие немаат изговор." Тоа значи дека никој не може да најде изговор што не поверувал, бидејќи не знаел за Бога.

Дури и најмалиот рачен часовник не може да се случи само според случајност, без улогата на човечкиот дизајнер и создател. Како тогаш може комплексниот и сложен универзум, туку така, само по случајност да се формира самиот по себе? Преку едноставното набљудување на универзумот, човекот може да ја открие Божјата божественост, и вечната сила.

Дури и денес Бог се покажува Себеси преку манифестирањето знаци и чудеса низ луѓето кои што ги сака. Голем број на луѓе денес веројатно веќе доживеале барем една евангелизација, од некоја личност која што верува во Бога, бидејќи Тој навистина е вистински. Некои луѓе можеби дури и самите биле сведоци на чудеса, или чуле за тоа од некоја личност која што го доживела тоа. Ако и по посведочувањето преку гледање и слушање за таквите знаци и чудеса, личноста и понатаму не верува, тогаш тоа мора да се должи на бесчувствителноста на нејзиното срце. Затоа таа ќе мора на крајот да појде по патот на смртта. Тоа е она што Писмото го кажува за Светиот Дух, дека Тој "ќе му суди на светот, во врска со гревот."

Причината зошто луѓето не го прифаќаат Евангелието, обично лежи во фактот што ги живеат животите во грев, додека ја бркаат својата сопствена корист. Мислејќи си дека овој свет е сè што постои, тие не можат да веруваат во Небесата и вечниот живот. Во Матеј, глава 3, Јован Крстител им извикувал на луѓето да се покајат, затоа што се наближува Кралството Небесно. Исто така рекол, "Секирата веќе лежи на коренот од дрвјата; затоа секое дрво што не носи добар плод, се сече и се фрла во оган," (с. 10) и "Вилата Негова е во раката Негова, и Тој темелно ќе го очисти гумното Свое; и ќе го собере житото Свое во амбарот, а плевелот ќе го изгори со неизгаслив оган." (с. 12).

Еден земјоделец сее, ги култивира и жнее плодовите од својата нива. Тој го носи животот во амбарот, а го фрла плевелот. Бог го прави тоа на истиот начин. Тој го култивира човештвото, и ги води кон вечниот живот Своите вистински чеда, кои што го живеат својот живот во вистината. Ако тие го бараат светот и останат грешници, Тој мора да ги остави да тргнат по патот на уништувањето. Па така, за да можеме да станеме жито и да го примиме спасението, мораме да станеме праведни и да Го следиме Исуса Христа, со вера во Него.

Во врска со праведноста

Според Божјата промисла, Исус дошол на овој свет и умрел на крстот, за да може да го реши проблемот на гревот на луѓето. Но, Тој можел да ја надмине смртта, да воскресне и да се вознесе на Небесата, бидејќи не го поседувал изворниот грев, и немал извршено никаков грев, живеејќи живот во праведноста. Во Јован 16:10 Исус рекол, "...и во врска со праведноста, бидејќи Си одам кај Отецот и веќе нема да Ме видите..." Постои имплицитно значење коешто е содржано во овие зборови.

Поради тоа што Исус немал никакви гревови, Тој бил во состојба да ја исполни Својата мисија, заради која дошол на овој свет—Тој не можел да биде врзан со смртта, и затоа воскреснал. Тој воедно отишол пред Бога Отецот, за да ги добие Небесата, како првиот плод на воскресението. Тоа е она што Тој го нарекува "праведност". Па така, кога Го прифаќаме

Исуса Христа, Го примаме на дар и Светиот Дух, и го добиваме овластувањето да станеме чеда Божји. Преку прифаќањето на Исуса Христа, ние одиме од чеда на ѓаволот, преку повторното раѓање, во свети чеда Божји.

Тоа е она што значи да се добие спасението, преку тоа што ќе се биде наречен "праведен" преку верата. Не е тоа нешто, што сме направиле, за да го заслужиме спасението. Спасението го добиваме само преку верата, и штом веруваме, не ја плаќаме цената. Затоа треба постојано да бидеме благодарни на Бога, и да го живееме својот живот во праведноста. Можеме повторно да го вратиме изгубениот лик Божји, кога се бориме против гревот, сè до точката на пролевањето крв и неговото отфрлање, за да може нашето срце да наликува на срцето на Господа.

Зошто Тој суди во врска со праведноста

Ако не го живееме својот живот во праведнста, дури и неверниците ќе се подбиваат со нас. Верата ќе биде целосна, кога ќе биде проследена со дела, а верата без дела е мртва вера (Јаков 2:17). Неверниците судат и осудуваат, гледајќи од својата сопствена перспектива, кажувајќи, "Одиш во црквата, а сепак продолжуваш да пиеш и пушиш? Како можеш да одиш наоколу, да грешиш и да се нарекуваш себеси следбеник на Христа?!" Па така, како верник, сте го примиле Светиот Дух, но ако не го живеете својот живот во праведноста, ќе го добиете судот, а тоа е она што Писмото го нарекува "судот во врска со праведноста".

Тоа е случајот кога Бог го прекорува и дисциплинира Своето чедо преку Светиот Дух, за тоа да не продолжи со живот во гревот. Причината поради која Бог дозволува одредени видови на испитанија и тешкотии да им се случат на семејствата на некои луѓе, на нивните работни места, или самите нив, лежи во тоа што сака да ги потурне кон живот во праведноста. Понатаму, поради тоа што непријателот ѓаволот и Сатаната ги носат обвиненијата против нив, Бог мора да дозволи испитанијата да им се случат, заради тоа што таков е духовниот закон.

Книжниците и Фарисеите биле уверени дека го живеат животот во праведноста, поради тоа што си мислеле дека добро го познаваат Законот, и стриктно се придржуваат до него. Но Исус ни кажува дека, ако нашата праведност не ја надминува таа на книжниците и Фарисеите, и ние нема да влеземе во Кралството Небесно (Матеј 5:20). Самото повикување, "Господи, Господи" не мора неопходно да значи дека ќе го примиме спасението. За да можеме да ги добиеме во посед Небесата, мораме да веруваме во Господа од дното на своите срца, да ги отфрлиме сите гревови и да го живееме животот среде праведноста.

"Живеењето во праведноста" не значи само слушањето на Словото Божјо и неговото чување во нашите умови како обично знаење. Тоа значи да станеме праведна личност, преку верувањето кое ќе биде засадено во срцата наши, и да делуваме во согласност со Неговото Слово. Замислете си само како би било ако Небесата се наполнат со измамници, крадци, прељубници, лажливци, луѓе полни со љубомора итн. Бог не го култивира човештвото, за да го донесе плевелот во Небесата! Божјата намера е да го донесе житото — праведните, во Небесата.

Во врска со судот

Јован 16:11 гласи, "...и за суд, затоа што е осуден кнезот на овој свет." Тука, "кнезот на овој свет" се однесува на непријателот ѓаволот и Сатаната. Исус дошол на овој свет поради гревовите на човештвото. Тој Го завршил делото на праведноста и Си заминал по конечниот суд. Но, можеме да кажеме дека конечниот суд веќе се има случено, бидејќи само преку верата во Исуса Христа човекот може да го прими проштевањето за гревовите, и спасението.

Оние што не веруваат, на крајот ќе отидат во Пеколот, па така тоа е како веќе да го имаат примено судот. Затоа Јован 3:18-19 гласи, "Кој верува во Него нема да биде суден; а кој не верува, тој е веќе осуден, затоа што не поверувал во името на Еднородниот Син Божји. Тоа е судот, затоа што Светлината дојде во светот, но луѓето ја сакаа повеќе темнината отколку Светлината, затоа што нивните дела беа зли."

Па што можеме тогаш да направиме, за да го избегнеме судот? Бог ни кажал да бидеме секогаш трезвени, да делуваме во праведноста, и да престанеме да грешиме (1 Коринтјаните 15:34). Тој воедно ни кажал да се воздржуваме од секаква форма на зло (1 Солунјани 5:22). За да можеме во Божјите очи, да делуваме во праведноста, дефинитивно треба да се ослободиме од надворешните гревови, но мораме исто така да го отфрлиме и секое зло од нашите срца.

Ако го мразиме злото и дадеме завет дека ќе престојуваме во добрината, тогаш ќе бидеме во можност да ги отфрлиме гревовите. Можеби ќе си помислите, "Тешко е да се отфрли дури еден грев; како ќе можам да ги отфрлам сите гревови?" Мислете си на тоа на овој начин. Ако се обидувате да ги искорените корењата на дрвото еден по еден, тоа е навистина тешко. Но ако го извадите главниот корен, сите други мали корења автоматски ќе се искоренат и ќе излезат надвор. Слично на тоа, ако се фокусирате на отфрлањето на најтешкиот за отфрлање грев, преку постот и ревносната молитва, кога и да можете, тогаш ќе можете да ги отфрлите и другите грешни природи, исто така, заедно со главниот грев.

Внатре во срцето на човекот, постои страста на телесното, страста на очите, и фалбациската гордост на животот. Овие се делови на формите на зло, коишто доаѓаат од непријателот ѓаволот. Затоа човекот не може да ги отфрли гревовите, едноставно само со својата сопствена сила. Затоа Светиот Дух им помага на оние кои се обидуваат да станат свети и кои постојано се молат. Поради тоа што на Бога Му се угодни нивните напори, Тој ќе им ја даде силата и благодетта. Кога овие четири нешта—милоста и силата која доаѓа одозгора, од Бога, нашите напори и помошта од Светиот Дух—делуваат заедно, тогаш дефинитивно ќе можеме да ги отфрлиме нашите гревови.

За да може да се случи овој процес, мораме прво да ја исечеме страста на очите. Ако нешто е невистина, најкорисно за нас е да не го видиме тоа, да не го чуеме, ниту да бидеме во негова близина. Да претпоставиме дека еден тинејџер види нешто непристојно на видео или телевизија. Тогаш, преку страста на очите, неговото срце ќе биде допрено, и телесните желби во него ќе се стимулираат. Потоа, тоа ќе предизвика коваење на зли планови од негова страна, а кога тие ќе се спроведат во дело, секакви проблеми можат да се случат. Затоа е многу битно за сите нас, да ја исечеме страста на очите.

Матеј 5:48 гласи, "Па затоа бидете совршени, како што е совршен вашиот Отец Небесен." А во 1 Петар 1:16, Бог кажал, "Бидете свети, затоа што Јас Сум свет." Некои луѓе можеби ќе прашаат, "Како може една личност да стане совршена и света како Бога?" Бог посакува да станеме свети и совршени. И не можеме да го постигнеме тоа со нашата сопствена сила. Но, затоа Исус го примил крстот, и затоа Светиот Дух, Помошникот, ни помага. Самото кажување на некоја личност дека Го прифатила Исуса Христа, и ако Го повикува, "Господи, Господи", не значи дека ќе оди на Небесата. Тој мора прво да ги отфрли своите гревови и да го живее животот на праведноста, за да може да го избегне судот и да влезе во Небесата.

Светиот Дух го осудува светот

Зошто тогаш Светиот Дух дошол да му суди на светот заради гревот, праведноста и судот? Затоа што светот е полн со зло. Исто како што, кога планираме нешто, знаеме за неговиот почеток и крај. Ако погледнеме на различните знаци во светот денес, можеме да видиме дека крајот е многу блиску.

Богот Создателот ја знае целата човечка историја со јасен план во врска со почетокот и крајот. Ако погледнеме на текот на настаните во Библијата, таму постои јасна дистинкција помеѓу доброто и злото, и постои јасно објаснување дека гревот води кон смртта, а дека праведноста води кон вечниот живот. Оние кои веруваат во Бога, добиваат благослови од Него, и Тој пребива во нив. Но оние кои што не веруваат во Него, на крајот ќе го примат судот, и ќе тргнат по патот на смртта. Божјиот суд уште одамна е готов за нив, и не е празно ветување (2 Петар 2:3).

Како што Големиот Потоп се случил во времето на Ное, и уништувањето на Содом и Гомора, во времето на Авраама, кога беззаконието кај луѓето го достигнало својот врв, така и денес Божјиот суд ќе се спушти од Небесата. За да можеле Израелците да се ослободат од ропството во Египет, Бог ги испратил Десетте Страдања врз Египет. Тоа бил судот наменет за фараонот, заради неговата арогантност.

Пред приближно две илјади години, кога Помпеја била толку расипана со екстремната перверзија и декаденција, Бог ја уништил со природна катастрофа, со вулканска ерупција. Ако денес ја посетите Помпеја, можете да видите дека градот бил покриен со вулканска пепел, и дека сè било сочувано токму онака, како што било во моментот кога било уништено, па затоа само со брз поглед, можеме да ја видиме расипаноста на тоа време.

Во Новиот Завет, исто така, Исус Христос еднаш ги прекорил лажливите книжници и Фарисеи, повторувајќи им седум пати 'Тешко на вас'. За да се спречи светот да падне во судот на Пеколот, светот мора да биде осуден и прекорен.

Во Матеј, глава 24, учениците Го прашале Господа за знаците на Неговото доаѓање на крајот на времињата. Исус им објаснил во детали, кажувајќи им дека ќе се случат страдања без преседан во тоа време. Бог нема да ги отвори портите на Небесата и да ја истури водата или огнот од таму, како што тоа го направил во минатото, но ќе го донесе судот што ќе биде соодветен со тоа време.

Книгата на Откровението ни пророкува дека ќе се појави најсовремено оружје, и дека ќе има големо уништување, со невидени и незамисливи воени последици. Кога ќе се заврши планот за човечката културизација, тогаш ќе се случи Големиот Суд. И кога ќе дојде тој ден, ќе има суд, било после тоа некој вечно да живее во Пеколот, или пак вечно во Небесата. Па, како треба да ги живееме своите животи сега?

Отфрлете го гревот и живејте го животот на праведноста

За да можеме да го избегнеме судот, треба да ги отфрлиме нашите гревови и да го живееме животот во праведноста. И што е уште поважно, секоја личност мора да си го изора своето срце со Словото Божјо, исто како што земјоделецот го прави тоа со своето поле. Мораме да го изораме крајпатието, каменитото тло, и трновиото тло, и да ги претвориме во добра, плодна почва.

Но некој можеби ќе се праша, "Зошто Бог ги остава намира неверниците, а дозволува да им се случат тешкотии на верниците, како мене?" Тоа е затоа што, исто како што еден букет цвеќе без корења изгледа убаво однадвор, но всушност е без живот, така и неверниците веќе се осудени и ќе одат во Пеколот, и затоа нема потреба за нивно дисциплинирање.

Причината поради која Бог нѐ дисциплинира, е затоа што ние сме Неговите вистински чеда, а не нелегитимни чеда. Затоа треба да бидеме благодарни за Неговото дисциплинирање (Евреите 12:7-13). Како што родителите ги дисциплинираат своите чеда, поради тоа што ги сакаат и сакаат да ги поведат кон правиот пат во животот, дури и тоа да значи да го употребат стапот, така и ние, заради тоа што сме Божји чеда, кога тоа е неопходно, Бог дозволува да ни се случат тешкотии, за да нѐ поведе кон патот на спасението.

Еклизијаст 12:13-14 гласи, "А суштината на сѐ е: имај страв од Бога, и запази ги Неговите заповеди: затоа што тоа е сета должност на човекот. Затоа што сите скриени дела, било добри или зли, Бог ќе ги изведе на суд" (КЦВ). Да се живее праведно, значи да се спроведе сета должност на човекот во нашите животи. Бидејќи Словото Божјо ни кажува да се молиме, треба постојано да се молиме. Поради тоа што Тој ни кажува да ја запазиме светоста на денот на Господа, треба да го направиме тоа. А кога ни кажува да не судиме, треба да се трудиме да не го правиме тоа. Правејќи го сето тоа, кога го запазуваме Неговото Слово и делуваме во согласност со него, ќе го добиеме животот и ќе тргнеме кон патот на вечниот живот.

Затоа, се надевам дека и вие ќе ги запишете сите овие пораки во вашите срца, за да станете житото што ја носи духовната љубов, опишана во 1 Коринтјани, глава13, да ги понесеме деветте духовни плодови на Светиот Дух (Галатјаните 5:22-23), и да ги добиеме благословите на Блаженствата (Матеј 5:3-12). Се молам во името на Господа, правејќи го тоа, да не го добиете само спасението, туку и да станете чеда Божји, кои што ќе сјајат како сонцето, во Кралството Небесно.

Автор
Др. Џерок Ли

Др. Џерок Ли бил роден во Муан, Провинција Јеоннам, Република Кореја, во 1943 година. Додека бил во своите дваесети години, Др. Ли страдал од најразлични, неизлечиви болести, во текот на седум години, па ја чекал смртта, немајќи надеж за закрепнување. Сепак, еден ден во пролетта од 1974 тој бил поведен во црква од страна на својата сестра, па кога клекнал да се помоли, живиот Бог веднаш го излекувал од сите негови болести.

Од моментот кога го сретнал живиот Бог и го доживеал тоа прекрасно искуство, Др. Ли го сакал Бога со сето свое срце и искреност, и во 1978 бил повикан да стане слуга Божји. Тој ревносно се молел, низ небројни молитви придружени со пост, за да може јасно да ја разбере волјата на Бога, во целост да ја исполни и да му се покори на Словото Божјо. Во 1982, тој ја основал Централната Манмин Црква во Сеул, Кореја, па безброј дела на Божјата сила, вклучувајќи ги тука и чудесните излекувања и исцелувања, знаците и чудесата, се случуваат во црквата од тогаш.

Во 1986, Др. Ли бил ракоположен за пастор на Годишното Собрание на Исусовата Сунгиул Црква од Кореја, за четири години подоцна, во 1990, неговите проповеди да почнат да се емитуваат во Австралија, Русија и на Филипините. Во текот на краток временски период, уште поголем број на земји бил досегнат низ Емитувачката Компанија на Далечниот Исток (Far East Broadcasting Company), па низ Емитувачката Станица на Азија (Asia Broadcast Station), и низ Вашингтонскиот Христијански Радио Систем (Washington Christian Radio System).

Три години подоцна, во 1993, Централната Манмин Црква била избрана како една од "Врвните Светски 50 Цркви" од страна на "Christian World" - Христијанскиот Светски Магазин (САД) и го примил Почесниот Докторат на Божественоста, од Христијанскиот Верски Колеџ, Флорида, САД, а во 1996 ја примил својата докторска титула по свештенствување во Теолошкиот Семинар од Кингсвеј, Ајова, САД.

Од 1993, Др. Ли го предводи процесот на светската евангелизација, низ многу прекуморски крстоносни походи, во Танзанија, Аргентина, Лос Ангелес, Балтимор Сити, Хаваи и Њујорк Сити во САД, Уганда, Јапонија, Пакистан, Кенија, Филипини, Хондурас, Индија, Русија, Германија, Перу, Демократската Република Конго, Израел и Естонија.

Во 2002 тој бил признан за "светски преродбеник" поради своите моќни свештенствувања во различните прекуморски крстоносни походи, од страна на главните Христијански весници во Кореја. Особено се истакнува Њујоршкиот Крстоносен Поход во 2006' одржан во Медисон Сквер Гарден, најпознатата арена во светот. Настанот бил емитуван до 220 нации, и на неговиот 'Израелски Обединет

Крстоносен Поход во 2009', одржан во Интернационалниот Собирен Центар (ICC) во Ерусалим, тој храбро објавил дека Исус Христос е Месијата и Спасителот.

Неговите проповеди биле емитувани до 176 нации преку сателитски преноси, вклучувајќи ги ГЦН ТВ (GCN TV), и бил наведен како еден од 'Врвните 10 Највлијателни Христијански Водачи' во 2009-та и 2010-та година, од страна на популарниот Руски Христијански Магазин Во Победа (In Victory) и новинската агенција Христијански Телеграф за неговото моќно ТВ свештенствување и прекуморското црквено-пасторско свештенствување.

Од Мај, 2013-та, Централната Манмин Црква има конгрегација од повеќе од 120 000 членови. Постојат 10,000 подрачни цркви ширум светот, вклучувајќи ги тука и 56-те домашни подрачни цркви, и повеќе од 129 мисионерски служби кои биле основани во 23 земји, вклучувајќи ги тука и Соединетите Американски Држави, Русија, Германија, Канада, Јапонија, Кина, Франција, Индија, Кенија и уште многу други.

Од денот на објавувањето на оваа книга, Др. Ли напишал 85 книги, вклучувајќи ги и бестселерите Доживувањето на Вечниот Живот пред Смртта, Мојот живот, Мојата вера I & II, Пораката на Крстот, Мерката на верата, Небеса I & II, Пекол, Разбуди се Израеле!, и Силата на Бога. Неговите дела биле преведени на повеќе од 76 јазици.

Неговите Христијански колумни се појавуваат во The Hankook Ilbo, The JoongAng Daily, The Chosun Ilbo, The Dong-A Ilbo, The Munhwa Ilbo, The Seoul Shinmun, The Kyunghyang Shinmun, The Korea Economic Daily, The Korea Herald, The Shisa News, и The Christian Press.

Др. Ли во моментот е водач на многу мисионерски организации и асоцијации. Други позиции кои ги има се следните: Претседавач, Обединетата Света Црква на Исуса Христа; Претседател, Светската Мисија на Манмин; Постојан Претседател, Здружение на Светската Христијанска Преродбена Мисија; Основач & Претседател на одборот, Глобалната Христијанска Мрежа (GCN); Основач & Претседател на одборот, Светската Христијанска Лекарска Мрежа (WCDN); и Основач & Претседател на одборот, Манмин Интернационална Семинарија (MIS).

Други моќни книги од истиот автор

Рај I & II

Детален нацрт на прекрасната животна средина во која живеат жителите на рајот и прекрасни описи на различни нивоа на небесните царства.

Мој Живот, Моја Верба I & II

Најмирисна духовна арома извлечена од животот кој цвета со една неспоредлива љубов за Бога, во средина на темни бранови, студено ропство и најдлабок очај.

Вкусување на Вечниот Живот пред Смртта

Посведочени мемоари на Д-р Церок Ли, кој се роди повторно и беше спасен од долината на сенките на смртта и кој води прекрасен примерен Христијански живот.

Мерката на Верата

Какво живеалиште, круна и награди се подготвени за вас во Рајот? Оваа книга обилува со мудрост и водство за вас да ја измерите верата и да ја култивирате најдобрата и зрела вера.

Пекол

Искрена порака до целото човештво од Бога, кој посакува ниту една душа да не падне во длабочините на Пеколот! Ќе откриете никогаш порано –откриено прикажување на суровата реалност на Долниот Ад и Пеколот.

www.urimbooks.com

www.ingramcontent.com/pod-product-compliance
Lightning Source LLC
LaVergne TN
LVHW012013060526
838201LV00061B/4287